とつぜん記憶力がアップする
4日で脳が変わる習慣

速習セミナー主宰
園善博
sono yoshihiro

講談社

はじめに

学習障害だった私が、どうして勉強ができるようになったのか？

書店に行けば、勉強法や速読法を紹介する書籍が数多く並んでいます。

「勉強のしかた」や「読書術」を教える研修講師も多く、それぞれの講師が、それぞれの方法で、

「速く本を読む方法」

「効率よく学習する方法」

「無駄なく記憶する方法」

などを教えています。

かくいう私も、勉強法と読書術を教える講師です。

他の講師の方々と同じように、ひとりでも多くの読者（セミナー受講者）に、「勉強の習慣を身につけてほしい」「読書が好きになってほしい」と願っています。

私も他の講師も、志は同じだと思います。ですが、違いもあります。

私と、他の講師との大きな違いは、

「私がディスレクシアである」

ことです。

ディスレクシアとは、学習障害のひとつです。知的能力や知覚能力には異常がないものの、文字の読み書きが困難になる障害を言います。

ディスレクシアである私は、勉強が苦手でした。本を読むのが嫌いでした。

「勉強が好きじゃないから、進学をするのはやめよう」と早々に大学受験をあきらめ、社会に出ます。ところが社会に出てからのほうが、たくさんの勉強が必要でした。

私は両親の会社で働いていましたが、働くうちに「経営やマーケティングについて学びたい」と思うようになります。そのためには、苦手な読書をしなければなりません。勉強を続けなければなりません。

私は、覚悟を決めます。

当時人気のあった速読法のセミナーを受講したり、認知心理学者の講演を聴講するうちに、「ディスレクシアでも本が読める」ことがわかりました。

そして「記憶のメカニズム」に則《のっと》った読み方をした結果、それまで一度も完読したことがなかった私でも、本が読めるようになったのです。

4日間で勉強体質になれる!

私が多読をするようになったのは、32歳からです。

日本語、英語の書籍を含め、約13ヵ月でビジネス・経済関連図書58冊、脳・神経関連専門図書43冊、心理学関連図書48冊、学習障害(読字障害)関連図書82冊、スポーツ・メンタルトレーニング関連図書27冊を読破しました。

そして、「高卒・読書経験ゼロ」の状態から、34年間の学業の遅れを一気に取り戻したのです。

その経験を生かして、２００２年から２００８年まで、アメリカ式の速読法講師を務めました（７３３６人の受講者と多くの著者を輩出）。

現在は独立し、既存の速読法に脳科学・認知心理学の知識を加えた「独自の勉強法」（速習法と呼んでいます）を教えています。

本書では、勉強を続けるうえで大切な「４つの習慣」を紹介していきます。１日ひとつずつ、１日１習慣身につけていけば、**４日間で勉強体質に変わる**ことも可能です。

- **「勉強嫌いだった私」が、どのようにして勉強習慣を身につけたのか**
- **速習法の受講生の中で「勉強ができるようになった人」と「できるようにならなかった人」には、どのような相異点があるのか**

に着目しながら、誰もが、

「最短で、無理なく、簡単に、シンプルに身につく勉強の習慣」

を提案します。

受講生の中には、「勉強が続かない」という悩みを抱えている方がたくさんいらっしゃいます。でも、ほんの少し工夫をするだけで、勉強は習慣化できます。

朝起きて歯を磨くのと同じように、また、就寝前にお風呂に入るのと同じように、「勉強をするのが当たり前」の状態にすることができるのです。

勉強の出来・不出来は、生まれ持った能力や、学力や、才能や、年齢で差がつくのではありません。

「正しい勉強方法を、どれだけ愚直に続けたか」

によって決まります。

私はかつて、本を読むことができず、勉強から遠ざかっていました。みなさんよりも、もっともっと低いレベルでもがいていました。

けれどいまでは、勉強の楽しさを知り、年間５００冊以上の本を読み、知識と教養を増やし続けています。

私にもできたのですから、みなさんにできないわけがありません。

「勉強が続かない」
「なかなかやる気が出ない」
「がんばっているつもりだけど成果が出ない」……。
本書が、そんなあなたのお役に立てることを願ってやみません。

園　善博

目次

とつぜん記憶力がアップする
4日で脳が変わる習慣

1日目

「目的を持つ習慣」を身につける

2日目 「集中して時間を使う習慣」を身につける

3日目 「上手に覚える習慣」を身につける

4日目
「自分で考える習慣」を身につける

・カバーデザイン／水戸部 功
・本文デザイン／斎藤 充（クロロス）
・イラスト／ホンマヨウヘイ
・編集協力／藤吉 豊（クロロス）、岡本 晃（オフィスアヘッド）
・編集／依田則子

脳が
変わる
習慣

ウォーミングアップ

頭のいい人が身につけている「4つ」の習慣

01 結果が出ている人と、出ていない人には、決定的な「差」がある

「記憶力」を高めるにはコツがある

この章はウォーミングアップの章です。勉強の効果を高めるために必要な「4つの習慣」について説明します。

私は現在、「速習法セミナー」を主宰しています。

「速習法セミナー」では、「読書法」を中心に、**「速く読めて、しかも忘れない勉強法」**を紹介しています。「本を読むのが遅い」「本の内容が頭に残らない」「やさしい本は読

めるけれど、むずかしい本はページが進まない」といった悩みを解消する勉強法です。

「記憶のしくみ」にも言及し、

「脳が、どのようなプロセスで情報を覚えているのか」

「一度覚えた情報を忘れないようにするには、どうしたらいいのか」

を体系化しているのが、このセミナーの特長です。


「記憶力」を高めるには、ちょっとしたコツがあるのです。


本を速く読めても、必要な情報が記憶に残っていなければ、意味がありません。

「必要な情報を見つける力」

「必要な情報を覚えて、いつでも引き出せる力」

を高めることによって、試験に合格したり、テストで高得点が取れたり、仕事力がアップしたりするのです。


おかげさまで、受講者は1万人を超えました。たくさんの方が、資格試験、大学受験、英語学習、教養、スキルアップなどで効果を実感されています。
私のもとには、受講者から、次のような声が寄せられています。

「参考書の内容や英単語が、気持ちよく頭に入ってくるようになり、新聞や雑誌、論文やレポートも速く、たくさん読めるようになった。出題分野の知識を広く深く持つことができたので、合格率数パーセントの難関試験に合格することができた」（40代女性）

「効率的に暗記できて、記憶の出し入れがスムーズになった。文庫サイズのビジネス書は、ランチタイム1～2回で1冊読めるようになり、情報収集力が高まった。その内容を社内や社外で説明できるので、会話の引き出しが増えた。また、経済に関する入門書を多読することができ、転職先の選択肢が拡がった」（20代女性）

「活字を追うことが苦ではなくなり、文章のポイントをつかむのもうまくなった。また、語彙も増えたので、営業先や会合などでも話題が豊富になった」（40代男性）

「目的を明確にし、途中でメモを取りながら本を読む習慣を身につけてから、読書スピードがアップした。老眼になってからは文字が見えにくく、本を読むのが遅くなっていたが、全ページ読まなくても著者の言いたいことが読み取れる。その結果、読書が格段にラクになった」（40代男性）

「セミナー受講4日後には、理解するスピードが速くなり、本を読むことが習慣になった。『これはどういう意味だろう？』『もっと知りたい』という欲求も増えてきた。その後も復習をかねて何回かセミナーを受講しているが、毎回新しい発見がある。まだまだ自分には伸びしろがあることがわかって、とても嬉しい」（30代女性）

「読書をするとき、タイトルや目次を見ただけで、本の内容や著者の主張を自分なりに予想する習慣が身についた。その結果、不用なところは読み飛ばし、本質的なところだけを探せるようになった」（30代男性）

効果が出る人と出ない人の差とは？

ですが……、「効果を実感できた人」がいる一方で、「効果が上がらない」というお問い合わせをいただくことがあります。

1万人の受講者の中には、「テストの点数がいまひとつ伸びない」「なかなか本が読めるようにならない」という悩みを抱え続ける人がいるのも事実です。

残念ながら、ひとり残らず効果があったわけではありません。1万人全員の頭がよくなったわけではありません。

もちろん私は「1万人全員の頭をよくする」ためにセミナーを行っています。でも、現時点では、速習法の効果が出る人と、出ない人がいます。

なぜ、効果が出る人と、出にくい人がいるのか。私の教え方が不十分なのか……。

速習法は、アメリカで開発された速読法をベースに、認知心理学や脳科学の知識をプラスオンしたメソッドです。突飛なメソッドではなく、学術的にも裏付けされています。ということは、セミナーで教える勉強法そのものに原因があるとは考えにくい。

また、「偏差値や学歴の高さ」と速習法の習熟度は、関係がありません。速習法は、偏差値や学歴を問わず、「誰でも、身に付く」ようにしくみ化されています。

なにより、私自身が学歴とは無縁です。学校の勉強は大嫌いでした。読字障害（文章を読むことが困難な障害）を抱えていたので、30歳を過ぎるまで本を読んだことがありません。そんな私が考えた勉強法ですから、「偏差値や学歴が高い人でなくても、身に付く」はずです。

ではなぜ効果が出る人と、出ない人がいるのでしょうか。その差は、どこにあるのでしょうか？

結論からいえば、その差は、

「継続力」と「習慣」

にありました。

筋トレの方法を知ったからといって、すぐに筋肉モリモリになるわけではありません。
ダイエットの方法を知ったからといって、すぐに体重が落ちはじめるわけでもありません。

勉強も、仕事も、それと同じです。「セミナー」で本の読み方や勉強のコツを学んだからといって、それだけで成績がアップするわけではありません。

セミナーが終わってからも、

「日常生活の中にノウハウ（トレーニング）を取り入れ、実践し、繰り返していく」

ことで、成績や業績は少しずつアップしていくのです。

習慣を継続化するための大切な4日間

速習法セミナーの効果が出ている人（つまり、成績や業績がアップしている人）は、継続して勉強やトレーニングを続けています。

その結果として、読書能力や記憶力を高めることができたのです。

継続力を身につけるためには、「基本の習慣」を身につける必要があります。基本の型のようなものですが、型を身につけるには、4日あれば充分です。では、習慣を継続化するための大切な4日間は何をしたらよいか？　その答えを本書でお伝えしていきます。

私のセミナーでは「タッチパネル」というトレーニングメニューを紹介しています（25ページ参照）。このトレーニングは、1～20の数字を順番に探していくトレーニングです。文章を読むために必要な「視野」を広げる効果があります。

はじめてこのトレーニングにチャレンジした人は、1～20までの数字をすべて探し終えるまでに「20秒以上」かかります。文字の認識のしかたに慣れていないため、時間がかかってしまいます。

ところが、繰り返しトレーニングをしていけば、時間を短縮することができます。

受講生のAさんは、タッチパネルを「1日数分、500日間」続けた結果、わずか「7秒」で数字を探し終えることができるようになりました。Aさんは読書が苦手でしたが、タッチパネルの時間が短くなるのに比例して、読書のスピードも速くなっています。

また、Bさんは、「音聴き勉強法」を継続した結果、難関資格試験に合格しています。

「音聴き勉強法」は、脳の特性を利用して、「覚えたい内容を音声にして、繰り返し聴く」という勉強法です（予習と復習に効果があります）。

Bさんは、通勤途中や移動中にこの勉強法を取り入れていました。何度も、何度も、何度も、何度も「聴き続けた」からこそ、試験に合格できたのです。

Aさんも、Bさんも、トレーニングや勉強法を「習慣」にしていました。

「行動習慣が結果を呼び込んだ」

私はそのように解釈しています。

では、その習慣のチカラをどのように身につけたらよいのか？　26ページから説明していきましょう。

行動習慣が結果を呼び込む

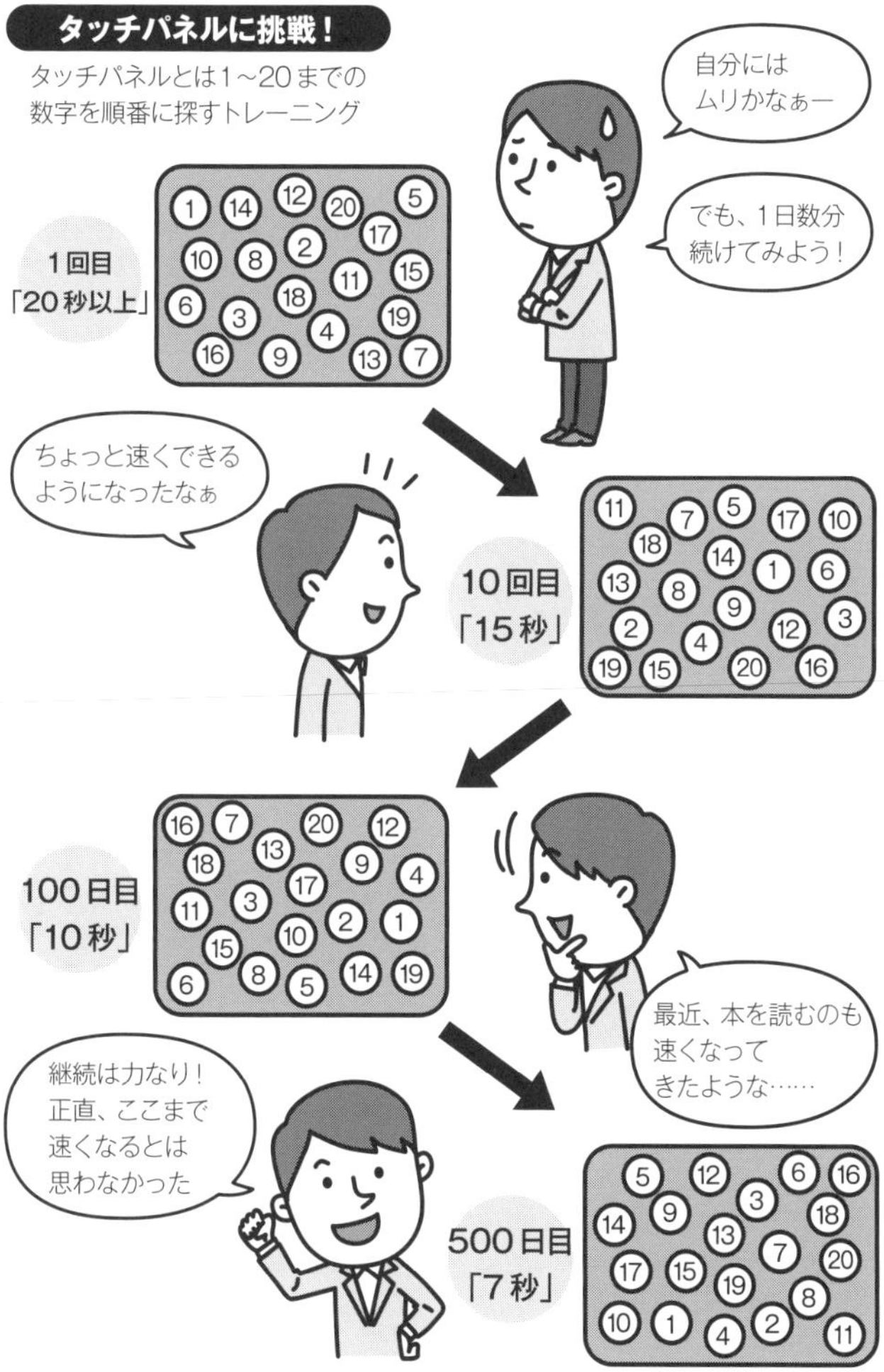

02

行動が変われば習慣が変わり、習慣が変われば結果が変わる

いま以上の結果を出したければ、新しい習慣を取り入れる

心が変われば行動が変わる。
行動が変われば習慣が変わる。
習慣が変われば人格が変わる。
人格が変われば運命が変わる。

この言葉は、元メジャーリーガー・松井秀喜選手の座右の銘として知られています。星稜高校の野球部時代、恩師・山下智茂監督から授かった言葉です。

出典は、ヒンドゥー教とも、ウィリアム・ジェームズ（アメリカの心理学者）とも言われています。

「行動を起こし、習慣を変えることができれば、運命を変えるほどの大きな結果を手に入れることができる」

という教えです。

成績や業績が伸び悩んでいるとき、いままでと同じやり方を続けていては、結果は変わりにくいかもしれません。

たとえば「英単語をノートに書いても、なかなか覚えられない」のなら、書いて覚えるのはやめにする。「聴いて覚える」など、新しい勉強法を取り入れないかぎり、成績を上げることはできないでしょう。

「新しい習慣」を取り入れたり、いままでの習慣をあらためなければ、いつまでも「いまと同じ自分」がいるだけです。大きな成果を得るのは、むずかしいと思います。

私のセミナーでは、無料電話相談やＳＮＳを使って、受講生へのフォローアップ制度を設けていますが、受講生とのやりとりを通じてわかったことがあります。

それは、「結果が出ている受講生」（資格試験に合格した、読書スピードが上がった、スポーツが上達した人、など）は、**いままでのやり方を変えて、「新しい習慣」を身に付けていたこと**です。

「結果が出ている人」は、「4つ」の習慣を続けている

では「結果が出ている人」は、どのような習慣を身に付けているのでしょうか？

私のセミナーでは、脳科学・認知心理学の見地から、「学習効果を高める4つの基本」を取り入れています。

【学習効果を高める4つの基本】

①目的を持つ

②集中して時間を使う

③上手に覚えて、しかも忘れない
④自分で考える

「結果が出ている人」は、この4つの中から「いまの自分に足りないもの」を見つけ、受講後も、「新しい行動、新しい習慣として取り入れている」のです。

すなわち「4つ」の習慣が身についているか否かが、結果が出ている人と出ていない人の「差」を生み出したといえるでしょう（「4つ」の習慣については、後述します）。

習慣とは、「そうするのが当たり前になっていること」

習慣とは、言い換えると、

「そうするのが当たり前のようになっていること」

です。

多くの人が毎日歯を磨くのも、お風呂に入るのも、それが当たり前（習慣）になっているからです。

したがって、簡単だったり、誰にでもできることであったり、すぐにできることのほうが、習慣にしやすいと思います。

「歯磨きは、1回1時間以上」「お風呂は毎日2時間以上」と決められていたら、億劫《おっくう》になって続きません。

勉強も、「毎日、参考書を10冊読まなければいけない」「毎日、英単語を100個書き写さなければいけない」と命じられたとしたら、苦痛でしかありません。

でも、

「勉強部屋に、黄色いものを置くだけで、集中力が高まる」

としたら、簡単だと思いませんか？　続けられると思いませんか？

「本は、頭から最後まで読まなくてもいい。パラパラとページをめくるだけでも、効果がある」

と言われたら、読書が楽しくなりませんか？

前述のAさんが「500日間」も「タッチパネル」を続けられたのは、「簡単」だから。「1～20の数字を順番に探していく」だけで、効果が期待できるからです（Aさんは、現在もタッチパネルを続けています）。

本書では、速習法の「4つの基本」を取り込みながら、

「誰にでも簡単にできる習慣」

「効果が見込める習慣」

「長く続けられる習慣」


を紹介していきます。


「習慣は第二の天性なり」

という言葉があります。

「習慣の力はとても大きく、生まれつきの性質と変わらないほど日常の行動に影響を及ぼす」

という意味です。

言い方を変えれば、**「継続すること」「習慣にすること」でしか、天性に勝ることはできない**のです。

学習効果を高める４つの基本（習慣）

①目的を持つ
目的：海外で働きたい！
今日
やるべき
コト
毎日、英会話の
音聴をしよう！
②集中して時間を使う
あと15分で
英単語20個
覚えるぞ！
英単語
③上手に覚えて、しかも忘れない
1週間後
2週間後
1ヵ月後
パラパラと
めくるだけでも
復習効果が
高まるわ！
④自分で考える
本に書いてある
ことは正しい！
本当にそうかな？

03
「目的を持つ習慣」を身につける

行動には、常に動機があり、目的がある

「いますぐに必要というわけではないけど、英語を勉強しておいたほうがよさそうだから、英会話スクールにでも通ってみようかな」

と思って「なんとなく」勉強をはじめたAくん。

「うちの会社は、来年度から海外に支店を持つことが決まった。現地に赴任するスタッフを募集しているらしい。海外で仕事をするのが僕の夢だから、ぜひ行ってみたい。そのためには、英語力が必要だ。よし、英会話スクールに通おう!」

「何のために英会話スクールに通うのか」、勉強の目的が明確になっているBくん。

AくんとBくんでは、どちらが勉強に身が入ると思いますか？

間違いなくBくんです。Aくんは「英会話スクールに通うこと」が習慣になる前に、勉強をやめてしまうかもしれません。

本田宗一郎さんは、

「行動には常に動機があり、目的がある」

という言葉を残していますが、私も同感です。

ビジネスにおいても勉強においても、「目的意識を持っている人」と「持っていない人」では、結果に大きな差が出ます。

ある予備校教師のインタビュー記事を読んだことがあります。

大学受験対策で予備校に通うとき、「なぜ、予備校に通うのか」、その目的が明確になっていないと成果が出にくいのだそうです。

受験勉強は、独学でもできます。したがって、「なぜ、自分は予備校に行きたいのか」が明確になっていないと、「予備校生同士の交流の場」にしかならないというのが、この先生の見解です。

「受験情報がほしい」「競争相手がほしい」「独学ではどうにもならない苦手科目がある」など、目的があってこそ、予備校に通う意義が生まれるわけです。

「先に勉強をして、あとから目的を決めよう」

とすると、勉強は続きません。

「先に目的があって、その目的を達成するために勉強する」

のが、正しい順番といえるでしょう。「なぜ勉強をするのか」「どうして仕事の成果を上げたいのか」「いつまでに達成したいのか」をしっかり考えて、目的を持つ。

「目的を持つ習慣」が身につけば、いままで以上に学習の意欲が高まるはずです。

目的が決まれば、今日やることが決まる

「半年後に開催されるホノルルマラソンに参加して、5時間以内で完走する」ことが目的だとしましょう。目的から逆算していけば、

「今日すべきこと」

がはっきりしてきます。

現時点のベストタイムが、「5時間30分」であるならば、「半年かけて30分以上短縮する」のが練習の目的です。

「30分短縮する」ためには何をすればいいのかを、逆算しながら考えていきます。5ヵ月後にどれくらい走力がアップしていればいいのか、そのためには、どんな練習をすればいいのか、4ヵ月後は……、3ヵ月後は……、2ヵ月後は……、1ヵ月後は……、1週間後は……と逆算すると、「今日、どんな練習をすべきか」がわかってきます。

「1ヵ月後のテストまでに、英単語を300個覚えたい」という目的が明確になっていれば「毎日10個ずつ覚える」ことがわかります。目的を決めることは、

「今日、何をすべきかを決めること」

でもあるのです。

孫正義さん（ソフトバンク社長）は、19歳のときに「人生50年計画」を立てたことで知られています。

「20代で名乗りを上げ、30代で軍資金を最低でも１０００億円貯め、40代でひと勝負し、50代で事業を完成させ、60代で事業を後継者に引き継ぐ」

という計画です。

孫正義さんが順調に事業を成長させているのは、「目的を持つ習慣」が身についていたからではないでしょうか。

年代ごとに「何をすべきか」をはっきりさせ、その実現のために「今日何をすべきか」を逆算して考えたからこそ、大きな成果を手に入れたのだと思います。

目的が決まれば、今日やることが決まる！

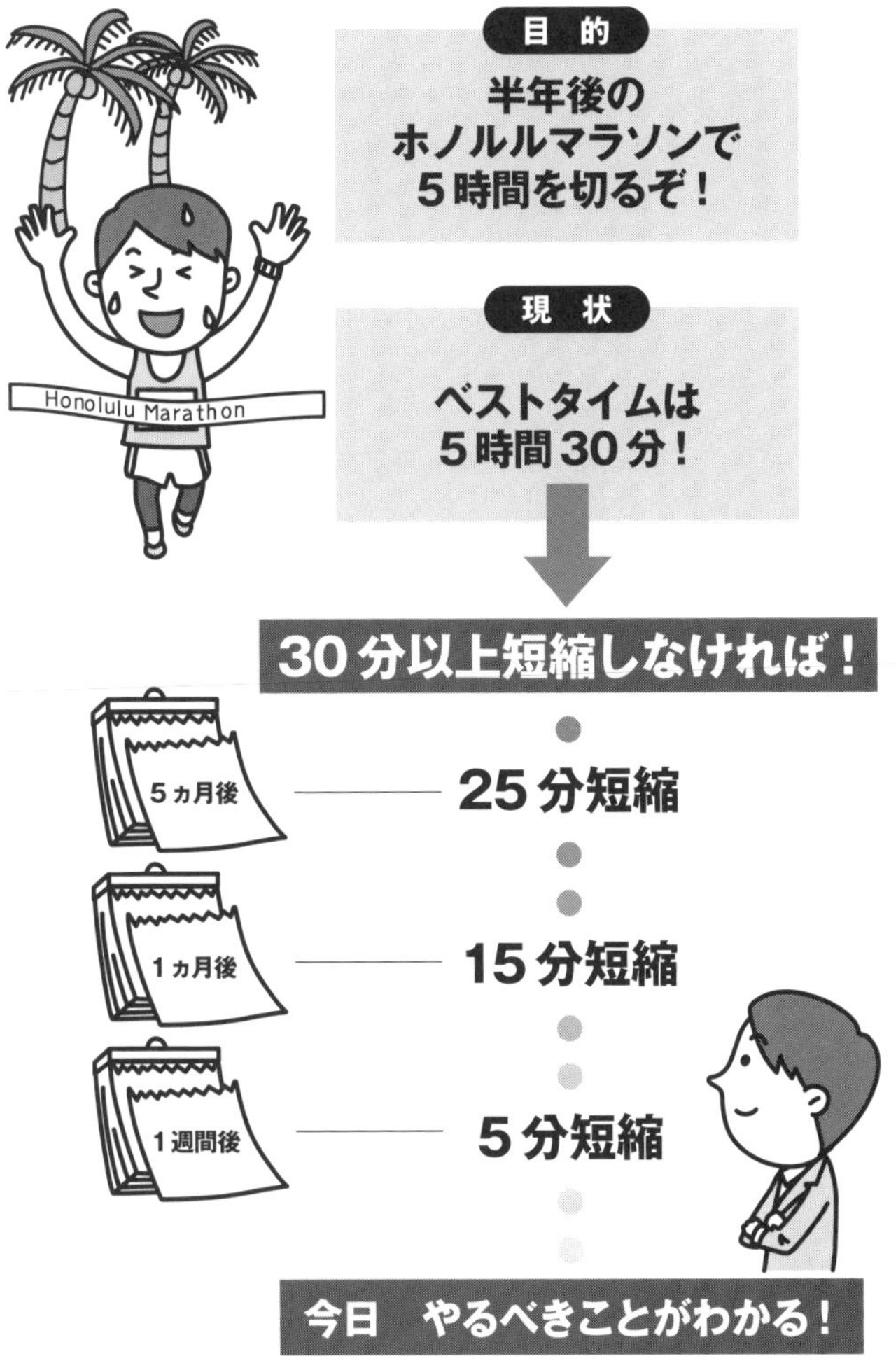
目　的
半年後の
ホノルルマラソンで
5時間を切るぞ！
現　状
ベストタイムは
5時間30分！
Honolulu Marathon
30分以上短縮しなければ！
5ヵ月後
25分短縮
1ヵ月後
15分短縮
1週間後
5分短縮
今日　やるべきことがわかる！

04

「集中して時間を使う習慣」を身につける

時間帯や環境を変えるだけで、集中力がアップする

速習法セミナーの受講生に「どうしてこのセミナーを受講しようと思ったのですか?」と尋ねると、多くの人が次のように答えます。

「ふだんは忙しいため、勉強する時間があまりない。それほど時間をかけないで効率よく勉強する方法を知りたい」

「それほど時間をかけないで……」というお気持ちはわかりますが、習慣は「第二の天性」です。繰り返し、継続して勉強する以外に自己成長は望めません。

ただし、**「たとえ短い時間でも集中して勉強する」ことができれば、「時間のムダ」をなくすことができます。**たとえばあなたが、

「通勤途中も参考書を読みたいけれど、満員電車の中では本を開くのも大変。だから、電車の中では勉強をしない」

と考えていたとします。けれど、「満員電車の中でも勉強できる方法」があったとしたら、どうでしょう？　その時間を勉強に充てることができるはずです。

あるいは、英単語を覚えるとき、「すぐに気が散ってしまって、1時間に3個しか覚えられない」人が、「勉強する時間帯や環境を変えるだけで、集中力がアップする」ことを知っていたら、1時間に15個覚えられるようになるかもしれません。

集中力は、特別な能力ではない

私見ですが、「集中力は、才能や能力とは少し違うものではないか」と考えています。

「集中力」は誰もが持っているもので、「人によって優劣がつくものではない」のです。

仕事で何時間も集中力を保ち、高いパフォーマンスを出す人も、たしかにいます。

でも「集中力の高い人」は、「集中力を高める方法」を知っているだけではないでしょうか。

「深呼吸をするだけで途切れかかった集中力が高まる」、あるいは「黄色のマーカーを使うと集中力が高まる」といった方法を知り、勉強に取り入れれば（習慣化すれば）、ダラダラと時間をムダにすることがなくなります。

集中力は、「特別な人」にのみ備わっている「特別な能力」ではありません。時間の使い方や環境を変えるだけで、誰にでも発揮できるものなのです。

集中力は使い方で決まる！

時間を制限する！

出勤までの
1時間で、
絶対覚えるぞ！

環境を変える！

喫茶店で勉強すれば、
人の目があるから
集中して勉強できる！

05

「上手に覚える習慣」を身につける

一度に覚えられる量が多くなれば、覚えるのは簡単になる

私のセミナーでは、受講生に「リーディングスパンテスト」と呼ばれるテストをしていただくことがあります。このテストは、**「ワーキングメモリ」**と呼ばれる記憶の領域を体感してもらうためのテストです。

ワーキングメモリは、「情報を一時的に記憶するとき」に使われます。

たとえば、会話をするとき。相手の言葉を「一時的に記憶し、内容を理解できる」からこそ、返事が返せるわけです。

もし、ワーキングメモリが使われなかったら、相手の言葉を覚えておくことができません。「相手が、何を言っているのかわからない」状態になり、会話が成立しなくなってしまいます。

受講生の多くは、私のセミナーを受講するまで「ワーキングメモリ」という概念を知りません。そして、「リーディングスパンテスト」を試してみて、「いかに、自分の記憶力が頼りないものなのか」に気づきます。

ワーキングメモリの領域には限界があります。一度に覚えておける量はそれほど多くありません。

でも、この領域は「エクササイズの習慣」によって広げることができます（134ページ参照）。領域が広がれば、一度にたくさんの量を覚えておくことができるでしょう。

一般的に**「記憶力がいい」と言われている人は、ワーキングメモリの領域が広い**のです。

受講生のCさんは、ワーキングメモリの領域を広げるために、「ジョギング」（歩くのとほぼ同じペースでゆっくり走る習慣）を続けています。テレビの情報番組で、「週に1時間走ったグループは前頭前野の容積が増え、ワーキングメモリが鍛えられた」（京都大学・久保田競名誉教授の実験）と紹介されているのを見たからです。

ジョギングを習慣にする前とあとでは、「リーディングスパンテストの結果に変化があった」とCさんは実感しています。

すぐに忘れてしまうのは「復習する習慣」がないから

受講生から、たびたび、次のような質問を受けます。

「本を読んでも、しばらくすると内容を忘れてしまうんです」

内容を忘れてしまう原因は、「そもそも、本の内容が頭に入っていなかった」「速習法で教わった読書法を使っていなかった」など、いくつか考えられますが、もっとも大きな原因は、

「復習の習慣がない」

ことが考えられます。

効率のよい覚え方（記憶のしかた）を身に付け、たくさんの情報を頭の中にインプットしたとしても、思い出せなければ意味がありません。英単語を100個覚えても、ひとつも思い出せなければ、テストの点数は上がりません。知識や情報は、「使いたいときに、使える」ようにしておくべきです。


「忘れてしまう」という悩みを持つ受講生に共通しているのは、

「復習が嫌い」

なことです。


「復習が大事なのはわかっているけど、もう一度同じことを勉強するのは、面倒だ」と感じている人が多いように思います。ですが、

「本の目次を見て、内容を思い出せないところだけ読み返せばいい」

「本をパラパラめくって、気になったところだけを読み返せばいい」

としたら、復習にそれほど時間はかかりません。1回目と同じことを、同じ時間だけや

る必要はありません。

勉強の「結果が出ている人」は、復習の大切さを理解し、**「面倒ではないやり方で、復習を習慣にしている」**のです。

効率よく覚えて、忘れない習慣をつくる

本を読んでも、
しばらくすると
忘れてしまう!

復習の習慣を持つ!

contents

目次を読む

＋

パラパラめくって、気になるところだけを読む

忘れにくくなる!

06

「自分で考える習慣」を身につける

企業が求めているのは「自分の頭で考えられる人」

近江《おうみ》商人や大坂商人は、昔から、商売の秘訣を次のようにあらわしていました。

「お金儲けしようと思ったら、人と違うことを考える。人と同じことをやって、お金が儲かるわけがない」

つまり、ビジネスで成功するには、

「人と違うことを考える力や、自分で考える力が必要である」

と示唆していたわけです。

私は仕事柄、能力開発に関する資料に目を通すことがあります。厚生労働省職業能力開発局が監修したある資料では、「マニュアル型人間が増えている」ことを指摘していました。

マニュアル型人間の欠点は「自分で考えることが苦手」なことです。

マニュアルがあれば無難に仕事を進められますが、マニュアルがないと、仕事が止まってしまいます。

自分で考える力（問題解決力）があれば、人に聞いたり、自分で調べたり、「こうすればいいのではないか」と推測しながら仕事ができるでしょう。

ですが「自分で考える習慣」がないため、マニュアルや「他人からの指示」に頼ってしまうのです。

多くの企業が「考える力を持っている人」を人材登用のポイントにしています。

高度成長期やバブル期は「つくれば、売れる」時代でした。「マニュアルどおり」でも、ものは売れた（結果が出た）かもしれません。

ですが、昨今は事情が異なります。「つくっても、売れない時代」です。「どうすれば、売れるのか」「何が売れるのか」を必死に考えなければ、企業の成長はおぼつかないでしょう。

ビジネスで結果を出すには、「自分の頭で考え、新しいアイデアを生み出す力」が必要なのです。

「自分で考える力」は、ビジネスシーンのみならず、資格試験でも求められています。「士業」にまつわる国家資格試験の多くは、「自分で考える力（思考力）」を問う問題が出題されます。過去問を丸暗記したところで、合格はむずかしいでしょう。

ビジネスでも、資格試験でも、記憶力がよいだけでは好結果を生み出すことはできません。蓄えた知識をもとに「自分で考え、自分で答えを出す」必要があるのです。

「読書習慣」が考える力を養う

私は、セミナーの中で、「本の読み方」とともに、「読書習慣を身につけることの大切

自分で考える力を持つ

マニュアル型

マニュアルがないと、
仕事ができない……
マニュアル

× **他人からの指示に頼って、自分で考えるのが苦手**

自分で考える力がある型

どうすれば
売れるか？
何が売れるか？
新しい
アイデア
AとBを足して、
割ればいいんだ！

○ **自分の頭で考えて、自分で答えが出せる**

さ」についてもお伝えしています。

私が読書をおすすめしている理由は、**本をたくさん読むほど、「自分で考える力」を養うことができる**からです。

「ここに書かれてある意味は、どういうことだろう?」

「自分は、こう思っていたけれど、この本には違うことが書いてある。なぜだろう?」

「この本に書かれてある内容を自分の仕事に当てはめるには、どうしたらいいだろう?」

本の内容を鵜呑《うの》みにせずに、疑ってみたり、自分なりの見解を持つようにすると、「自分で考える力」が身に付きやすいと思います。

「頭がよくなる4つの習慣」を身につけよう

「テストの点数がよくなる」「資格試験に合格する」「ビジネスの実績を上げる」「スポーツが上達する」「本がたくさん読めるようになる」……。

「結果を出している人」の多くは、習慣を変えたことによって、「これまでと違った成果」を得ています。

すなわち、「4つの習慣」を日常的に取り入れているのです。

【頭がよくなる4つの習慣】

①目的を持つ習慣
②集中して時間を使う習慣
③上手に覚える習慣
④自分で考える習慣

本書の目的は、この**「4つの習慣」をみなさんに身につけていただくこと**です。

第2章以降では、それぞれの習慣について、具体的に考えていきます。

「いつでも、誰にでも、簡単にできるトレーニング方法」を紹介しますので、みなさんのスキルアップ、キャリアアップに役立ててください。

ウォーミングアップ
頭のいい人が身につけている「4つ」の習慣

まとめ

- 効果が出る人と出ない人の差は「継続力」の差
- 大きな結果を生み出すには、行動を習慣化すること
- いまと違う習慣を取り入れなければ、自分を変えることはできない
- 習慣の力は大きい。生まれつきの性質と変わらないほど、日常の行動に影響を及ぼす
- 【結果が出ている人の4つの習慣】
①目的を持つ　②集中して時間を使う
③上手に覚えて、しかも忘れない　④自分で考える

脳が
変わる
習慣

1日目

「目的を持つ習慣」を身につける

07

「本を読む理由」をはっきりさせる習慣を身につける

目的意識を持つと、脳が活発に働くようになる

1日目に身につけていただきたいのは、「目的を持つ習慣」です。

「目的を持つこと」の重要性について、ラッシュ大学医療センター（アメリカ）が、興味深い発表をしています（2012年）。

「人生の目的を強く意識している高齢者は、認知症の特徴とされる脳の病的な変化が進んでも、物忘れなどの症状が出にくい」

というのです。この研究発表は、

「目的を持つこと」が、「脳の働き（記憶力や思考力）によい作用を与える」ことを医学的に裏付けていると思います。


また、オーストリア出身の心理学者、アルフレッド・アドラーは、みずからが体系化した「アドラー心理学」において、

「人間の行動にはすべて目的がある」

と説いています。「人間の行動は、個人が心に抱いた**目的に向かう歩み**」とするアドラーの考えは、見方を変えれば「目的がなければ、人間は行動を起こせない（継続できない）」ことを意味しています。

人からもらった本が、読み進められない理由

私が受講生のみなさんに「本の読み方」をお伝えするとき、「本を開くよりも前にしていただくこと」があります。それは、

「何のために、この本を読むのか」

「この本から、自分は何を学びたいのか」

を明確にすること、すなわち、

「本を読む目的を持つ」

「本を読む理由を決める」

ことです。


目的を持ってから本を読むと、次の「2つ」の効果が期待できます。

①積読《つんどく》（本を購入して読まずに積んでおくこと）**にならない**
②必要な情報が見つかりやすい

①積読にならない

私は現在、年間で400～500冊の本を読んでいます。「本の読み方」を教える講師をしていますから、読書は得意なほうです。

ときおり、そんな私でも「なかなか読み進められない本」と出くわすことがあります。内容が頭に入ってこなかったり、読むスピードが遅くなったりするのです。

どうして、読みにくさを感じてしまうのでしょう……？　理由を振り返ってみたところ、思い当たることがありました。

「なかなか読み進められない本」の多くが「他人からいただいた本」だったのです。

自分が読みたくて手に取ったわけではありません。自分が勉強したかったジャンルでもありません。ですから、その本を読むことに、強い興味、強い関心、強い目的を持つことができなかったのです。

いただいた本が、私の好きな「ゴルフ」について書かれてあったなら、「強い目的」を持つことができたかもしれません。

「最近、ドライバーを打つとスライスしてしまう。だからこの本を読んで『スライスを直す方法』を学ぼう」と思い、積極的にページをめくったはずです。

でも、「熱帯魚の飼い方」を説明する本をいただいても、読む理由、読む目的を見つけることができません。なぜなら、熱帯魚への興味が薄いからです。

「友人にすすめられたから、読んでおかないとマズイよな。次に会ったとき、感想を聞かれるかもしれないから、読まないわけにはいかないよな」と思うことはあっても、それは消極的な目的でしかなく、ゴルフの本を読むときほど、強い目的にはならないのです。

本を買っても、「積読」になってしまうとしたら、それは、**「本を読む目的」が弱い**からかもしれません。


「ベストセラーになっている本だし、一応、買っておかないと」

「ビジネスマンのバイブルと言われているらしいから、読んでおかないとまずいかな」

という消極的な目的では、本は積まれたままになってしまいます。

反対に、

「来週の朝礼で、この本の内容について同僚の前で発表することになった。きちんと話ができるように、しっかり読んでおこう」

「今度の試験は、参考書の『ここから、ここまでの範囲』から出題されるらしい。このページはしっかり目を通しておこう」

といった目的があれば、本を読もうという気になるはずです。

本は、**「何のために読むのか」「この本から、自分は何を学びたいのか」**を考えてから読む習慣を身につけましょう。もしも目的が見つからないとしたら、その本は、いまのあなたにとって「読む必要のない本」なのかもしれません。

②必要な情報が見つかりやすい

私のセミナーでは**「目的意識を持つと、学習効果が上がる」**ことを体感していただくために、66〜67ページのようなワークを用意しています（2回行っていただきます）。

漢字（1文字）が列挙されたシートをお見せして、1回目は「何か気がついたことはありますか？」と質問します。ところが受講者の多くは「何も気づくことができない」か、あるいは、「気づいたとしても、時間がかかって」しまいます。

2回目も漢字が列挙されたシートをお見せするのですが、今度は、質問のしかたを変えます。

「この文字列の中に、1文字だけ、『要』という漢字がまぎれています。どこにありますか？」

すると２回目は、受講者全員が、すぐに「要」を見つけることができます。

１回目と２回目の違いは、ワークに対する「目的を持っているか、持っていないか」の違いです。

「何のためにこのワークをするのか」「このワークの目的は何か」がわかったからこそ、「要」に気づくことができたわけです。このワークからわかることは、

「目的を持つと、脳が活発に働くようになる」

「目的が決まったとたん、学習スピードが上がる」

ことです。したがって、本を読むときも、

「自分が知りたい情報は何か」

「この本から、何を見つけるのか」

が決まっていたほうが、「必要な情報を早く見つけることができる」と考えられます。

「資産運用」について書かれた本をはじめて読むとき、

「資産運用には、どんな種類があるのか、知りたい」

「資産運用のメリットとデメリットには何があるのか、知りたい」

「どうして日本の銀行は、これほど金利が低いのか、その理由を知りたい」

など、「本を読む目的」を決めておくと、脳は「目的に関係がありそうなところ」を探そうとするので、情報にたどり着きやすくなります。


「目的と関係がなさそうなところ」は読み飛ばしてもかまわないわけですから、本を1冊読み終えるまでの時間も速くなります。

目的を持たないで本を読むと、読み通しているにすぎません。だから、時間をかけて読んだわりには、本の内容が頭に残りにくいのです。

漢字文字列のワーク

何か気がついたら教えてください

因因因因因因因因因因因因因
因因因因因因因因因因因因因
因因因因因因因因因因因因因
因因因因因因因因因因因因因
因因因因因因因因因因因因因
因因因因因因因因因因因因因
因因因因因因因因因困因因因
因因因因因因因因因因因因因
因因因因因因因因因因因因因
因因因因因因因因因因因因因
因因因因因因因因因因因因因

**「何か気がついたことは？」と
言われただけでは、気がつきにくい**

「悪」の中にある「要」という字を見つけましょう

悪悪悪悪悪悪悪悪悪悪悪悪悪
悪悪悪悪悪悪悪悪悪悪悪悪悪
悪悪悪悪悪悪悪悪悪悪悪悪悪
悪悪悪悪悪要悪悪悪悪悪悪悪
悪悪悪悪悪悪悪悪悪悪悪悪悪
悪悪悪悪悪悪悪悪悪悪悪悪悪
悪悪悪悪悪悪悪悪悪悪悪悪悪
悪悪悪悪悪悪悪悪悪悪悪悪悪
悪悪悪悪悪悪悪悪悪悪悪悪悪
悪悪悪悪悪悪悪悪悪悪悪悪悪
悪悪悪悪悪悪悪悪悪悪悪悪悪

**目的が明確になっているので、
すぐに答えが見つかる**

08

「しなければならない」ではなく、「したい」で考える習慣を身につける

義務感でする勉強は、長続きしない

臨床心理士の向後善之先生は、

「**目的は、『すべき』ではなく『したい』と表現したほうがいい。**『すべき』というグループ規範が強い世界では、個人の『したい』という気持ちが抑圧される。そうした抑圧が、うつ状態や不安を生む大きな要素になる」

とおっしゃっています。

「すべき」には、「本当はやりたくはないけれど、しかたなくやる」「それをしないと、怒

られるからやる」といった義務感が含まれています。

もちろん義務感だって、行動の原動力になりえます。「家族を養わ**なければならない**から、働か**なければならない**」と自分に言い聞かせ、仕事をする人もいるでしょう。


ですが、義務感はプレッシャーやストレスを生みやすく、精神的な苦痛をともなうことがあります。

「やりたくないけど、やらなければいけない」と、気持ちが反発している状態では、続けるどころか、途中で投げ出してしまうことも考えられるのです。

義務教育での勉強が身に付かないのは、

「本人の気持ちに反して、無理やり学ばせようとするから勉強が続かない。成績のいい児童・生徒は、自発的に勉強をしている」

と考える教育者もいるほどです。自分から「したい」と思えれば、自主的に行動するようになります。その結果として勉強が習慣となり、成績アップにつながるのでしょう。

「やらなければならない」や「すべき」と考えるのではなく、

「したい」

と考えるようにすれば、義務感は薄れていきます。


「家族を養わなければならないから、働かなければならない」

ではなく、

「家族の笑顔が見**たい**から、頑張って働き**たい！**」

と考えてみる。


「上司に言われたから、しかたなく勉強する」

ではなく、

「自分のキャリアアップにもつながるから、上司の言うとおりに勉強**してみよう！**」

と考えてみる……。

自分から、

「やりたいと思える目的」を見つける。あるいは、**「すべき」を「したい」と言い換える**と、勉強も仕事も継続しやすいと思います。

09
「達成した自分」をイメージする習慣を身につける

「なりたい自分の姿」をありありとイメージする

目的を持つときは、**「目的を達成したあとの自分の姿」を「できるだけ、具体的にイメージ」**するようにしましょう。

アメリカの心理学者、レオン・フェスティンガーは「認知的不協和」という考え方を提唱しています。

「認知的不協和」とは、

「理想と現状にギャップが生じたとき、この差を埋めようとする心理状態」

のことです。

「TOEICで800点取る」ことが目的だとします。いまの自分の実力が500点だとしたら、300点分のギャップが生じることになります。このとき人は、**ギャップを埋めるための行動**を取るようになります。

メジャーリーガーのイチロー選手は、「理想の自分を明確に持ち、いまの自分とのギャップを計算し、それを克服するために何をすべきかを考えながら行動している」と聞いたことがあります。「頭の中でイメージすること」＝**「イメージトレーニング」**を習慣にしているのでしょう。

「目的を達成したい」という願望が強いほど、「認知的不協和」が働きやすくなると私は考えています。

「TOEICで、少しでもいい点数を取れたらいいな」

と、漠然としたイメージを持つよりも、

「TOEICで、800点取りたい。800点取ったら、ニューヨーク支店に赴任するチャンスが生まれると思う。早く、世界中の人々と仕事がしてみたいな。新しいスーツに身を包み、マンハッタンの街角を颯爽《さっそう》と歩いている自分の姿が目に見えるようだ！」と具体的にイメージしたほうが、やる気がわいてくると思いませんか？

ぼんやりと空想するのではなく、**「なりたい自分の姿」「目的を達成したあとの自分」を具体的にイメージ**するのです。

そうすれば「早く、理想の自分になりたい！」とワクワクしてきて、勉強への意欲が高まります。

1953年にエール大学（アメリカ）が、その年に卒業する学生を対象にアンケートを取りました。

「いま、明確な人生設計を持っているか？　もし持っているとすれば、それはどのようなものか？」

その結果、「人生設計をしっかりと持っている」と答えたのは、わずか3パーセントでした。

20年後、調査の続きが行われます。すると、「人生設計を持っていた3パーセントの人たちが、対象者全員の財産の約95パーセントを持っていた（残り97パーセントの人たちは、卒業生全員の財産の5パーセントしか持っていなかった）」

そうです（参考：『「できる人になる」成功の秘訣』ユルゲン・ヘラー著／主婦の友社）。

この結果は、「目的をはっきり持っている人ほど、理想の自分になりやすい」ことを証明していると思います。

10 「現在地」を知る習慣を身につける

勉強をはじめる前に、いまの実力を知っておく

トレジャーハンターが、山で迷って3日間ほどさまよい歩いていると、目の前に埋蔵金のありかを示す巻物を見つけました。

「ついに見つけたゾ！」と喜んだものの、彼は、その地図に書かれている場所にたどり着くことができずに、のたれ死んでしまいました。

なぜだと思いますか？　それは、**「現在地」がわからなかったから**です。

宝のありかはわかったのに、自分の居場所がわからなかった。だから、たどり着くことができませんでした。

「理想の自分」と「いまの自分」とのギャップを浮き彫りにするには、「理想の自分」を強くイメージするとともに、

「いまの自分がどれくらいの実力を持っているのか」
「現在位置はどこなのか」

を知る必要があります。

「TOEICで、800点取りたい」のなら、模擬テストを受けたり、問題集を解いたりして、「いまの自分の実力はどれくらいなのか」をはじめに知っておくことが大切です。

目的を紙に書き出し、目に入る場所に貼り出す

「目的を達成したら、自分にとってどれほどのメリットがあるのか」

をノートやメモに書き出してみるのもいいと思います。

書くことによって目的を強く意識するようになります。

また、頻繁に目にする場所に、意気込みを書いた紙を貼っておけば、やる気をうながすことにもつながります。

企業が、社訓や経営理念を社内の目立つ場所に貼り出しているのも、従業員の士気を高めることに効果があるからです。

「目的」とのギャップを知るには、「現在地」を知る

宝の地図を発見！

でも、たどり着けなかった

ここは……どこ？

**なぜなら、自分がどこにいるか
わからなかったから**

つまり、

**目的を達成するには、自分の
現在地を知らなければならない**

11 「マイルストーン」を決める習慣を身につける

節目節目で、進捗状況を確認する

ビジネスシーンにおいて、プロジェクトの「重要な節目」や「チェックポイント」のことを**「マイルストーン」**と呼ぶことがあります。

マイルストーンとは、日本語で「里程標《りていひょう》」のこと。聞き慣れない言葉かもしれませんが、ようするに、距離を記した標識のことです。

マイルストーンを設けておくと、**進捗《しんちょく》状況、現時点での成果、改善点、次のマイルストーンまでの工程などを確認できる**ため、目的達成の確率が高くなります。たとえば、

「6ヵ月以内に、新規顧客を10件獲得する」のが目的だとします。このとき、「いつまでにアポイントを取り、いつまでに訪問し、いつまでに何件契約を取るか」というマイルストーンを設け、そのつど、達成度をチェックしていくのです。

マイルストーンの重要性を、私は「富士山登山」にたとえ、受講生にお話しすることがあります。

「富士山の山頂に立つこと」が目的だとしたら、マイルストーンは、登山ルートの節目に設置された「山小屋」といえます。私たちが富士山を登るとき、「まずは、次の山小屋まで登ろう」と途中目標を決め、登っていきます。

山小屋では必ず休憩を取り、かかった時間、天候、登山ルート、体調などを確認します。そして今度は、「次の山小屋」を目標に定めて、再び登りはじめます。山小屋をマイルストーンに設定しているからこそ、計画どおりに登山ができるのです。

山小屋がなかったり、山小屋を通り過ごしてしまったら、山頂へ立つことはままならないと思います。

「いつまでに、何をするか」を明確にする

「いつまでに、何をするか」が明確になると、「今日、何をすべきか」がわかります。

自動車免許を取得しようと思うなら、「目的」は運転免許センターで行われる試験に合格して、免許を取得することです。

「マイルストーン」は、自動車教習所の「第1段階」「第2段階」「仮免許」「卒業検定」といったプロセスになるでしょう。それぞれの「マイルストーン」に合格しないかぎり、自動車免許を取得するという「目的」を達成できません。

仕事も、勉強も、目的と現在位置を確認したら、その間に「マイルストーン」を設ける。すると**「いつまでに、何をするか」が明確になる**ため、目的までのプロセスがイメージしやすくなります。

ゴールまでのマイルストーンを設定する

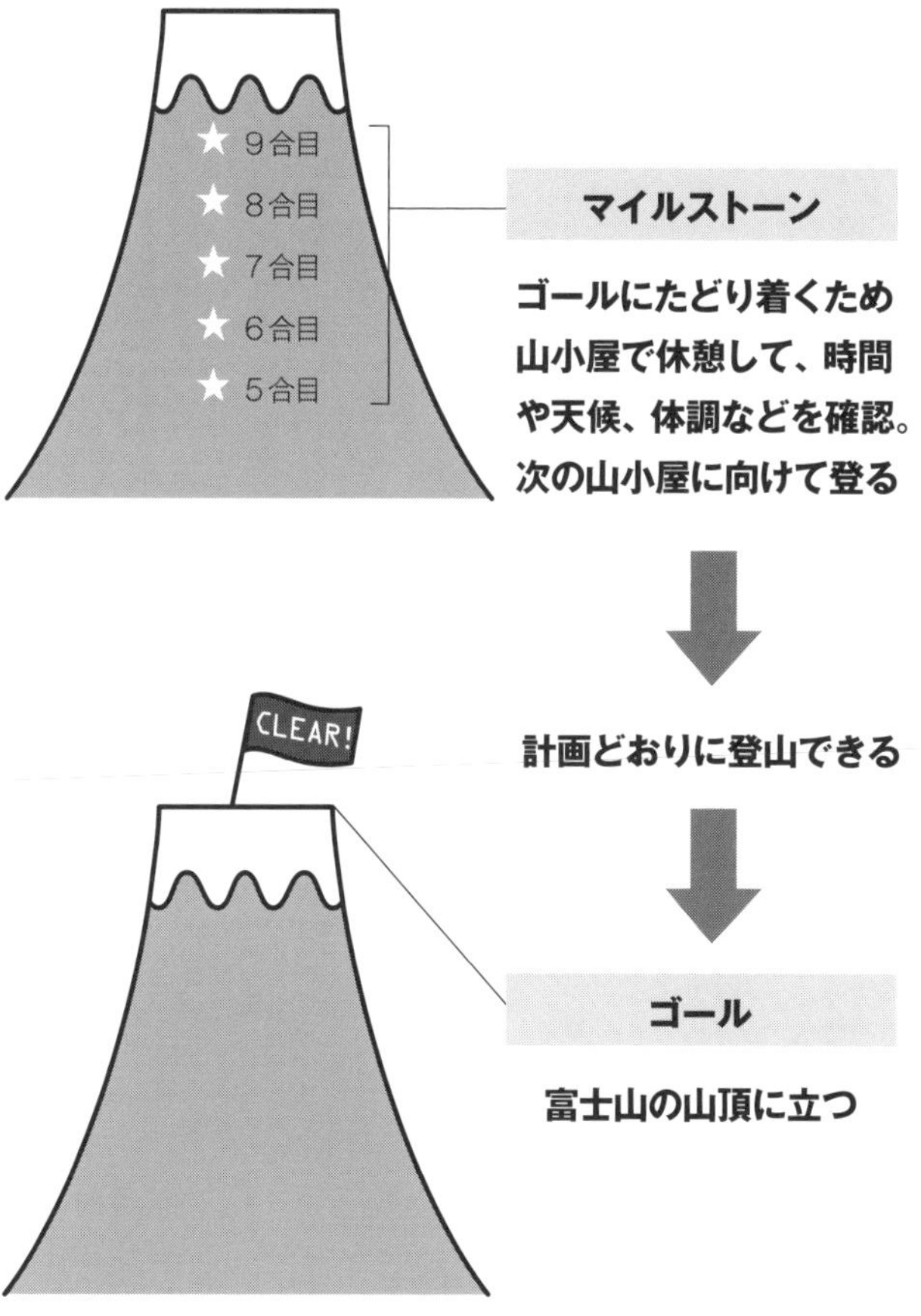
9合目
8合目
7合目
6合目
5合目
マイルストーン
ゴールにたどり着くため山小屋で休憩して、時間や天候、体調などを確認。次の山小屋に向けて登る
計画どおりに登山できる
CLEAR!
ゴール
富士山の山頂に立つ

つまり、 **マイルストーンを設定し「いつまでに、何をするか」を明確にすることで、目的までのプロセスが明確になる**

1日目
「目的を持つ習慣」を身につける

まとめ

- 「目的を持つこと」が、「脳の働き（記憶力や思考力）によい作用を与える
- 目的を持ってから本を読むと、「積読にならない」「必要な情報が見つかりやすい」という2つのメリットが得られる
- 目的は、「すべき」ではなく「したい」で表現する
- 「なりたい自分の姿」「目的を達成したあとの自分」を具体的にイメージする
- 「マイルストーン」を設けておくと、目的達成の確率が高くなる

脳が
変わる
習慣

2日目

「集中して時間を使う習慣」を身につける

12 「環境を選ぶ」習慣を身につける

どうしてすぐに飽きてしまうのか。どうして集中できないのか

2日目に身につけていただきたいのは、「集中して時間を使う習慣」です。

「勉強しようと思って机に向かってみたものの、気分が乗らない」
「本を読みはじめたが、10分くらいですぐに飽きてしまって、ページをめくる手が止まる」
「よほど追い込まれてからでないと、やる気が出ない」
「すぐに気が散ってしまって、ダラダラと時間を過ごしてしまう」

いずれも、受講生から寄せられた相談です。

「集中力が維持できない」ことが原因で、多くの方が「仕事や勉強にも身が入らない」と悩んでいます。


そもそも、人間の集中力は、どのくらい続くのでしょうか。

「30～50分間」という説もありますし、「90分間」という説もあります。

仮に「人間の集中力の限界は、90分間」とするならば、私たちは「90分間は、勉強や仕事に集中できる能力を持っている」はずです。


それなのにどうして、本を10分間読んだだけで飽きてしまうのでしょう？　すぐに気が散ってしまうのでしょう？

その理由を、私は次のように考えています。

「集中力は、環境や条件によって左右される」

「会議通訳」(同時通訳のなかでも、サミットや学会などの同時通訳)は、15分ごとにローテーションを回しているそうです。「聞き取って、訳し、話す」という作業をスピーディーに行おうとすると「集中力は、せいぜい15分間しか続かない」からです。

一方で、「オンラインゲームに熱中していたら、いつの間にか、半日経っていた」という学生もいます。

自室では勉強が手に付かないのに、学習塾や図書館に行くと、勉強できる人もいます。「大好きな数学を勉強しているときは気が散らないのに、苦手な英語になると、なかなか集中できない」人もいます。

つまり、「集中力は、環境や条件によって左右される」ものであり、

「集中できる時間の長さは、いつ、どんな場所で、どんなことをするのかによって変わってくる」

のです。

私が「メルマガ」の原稿をカフェで書く理由

私は「園善博　公式メールマガジン」を発行しています。

メルマガの原稿は、「自宅ではなく、行きつけのカフェ」で書くのが私の習慣です。なぜ仕事場でも、自宅でもなく、カフェで書くのか。理由は、**「緩《ゆる》やかな衆人環視の環境に身を置いたほうが、サボらない」**からです。

カフェの席に着いたら、すぐにパソコンを開きます。パソコンを開いても、何もせず、何時間もジ～ッと居座っていたら、「ヘンな人」だと思われてしまいます（笑）。「ヘンな人」だと思われたくないから、私は集中して手を動かし、メルマガの原稿を書き上げていきます。

「家から、カフェに」環境を変えたことで、私の集中力も変わったわけです。

人間が本来持っている集中力の限界をさらに伸ばし、5時間でも、10時間でも集中できるようにするのは、むずかしいと思います。

けれど、「90分」という集中力の限界をムダなく使うことは、それほどむずかしくありません。

私がそうしたように、「仕事をする場所を家からカフェに変える」だけでも、集中力は変わります。

「環境」や「時間の使い方」を工夫するだけでも、集中力は高くなるのです。

環境を変えるだけで、集中力がアップする！

ならば、
人の目があるところに
身を置いてみる。
すると、
集中力がアップする！

13 「時間の使い方」を意識する習慣を身につける

「時間の使い方」を工夫すれば、集中力は持続できる

私は、速習法を使って「6時間で20冊」の本を読んだことがあります。我ながら、たいした集中力だと思います（笑）。

でも、6時間、一度も手を休めずに本を読み続けたわけではありません。

人間が集中し続けられる時間には限界があります。「30〜50分」、あるいは「90分」と言われているわけですから、脳の構造上「6時間、集中し続ける」ことはできません。

では、どうして、私は「6時間で20冊」の本を読むことができたのでしょう？　その理

由は、**「時間の使い方を工夫した」**からです。

私は、たくさんの本を読むために、次のような「時間の使い方」を心がけました。

①「締め切り効果」を使う
②「朝の時間」を使う
③「12分集中＋３分休憩」のサイクルで読む

①「締め切り効果」を使う

人間は、

「締め切り直前になると、集中力がふだんよりも高くなる」

「明確に締め切りを提示すると、行動しやすくなる」

と考えられています（心理学では、こうした心理的作用のことを**「締め切り効果」**と呼んでいます）。

人間の脳は、締め切りを設けられると「ノルアドレナリン」というホルモンを出すことがわかっています。

ノルアドレナリンが活発に出ているときは、集中力や注意力、やる気が高まると考えられているのです。

締め切りが決まっていないタスク（仕事や作業）は、つい先送りしてしまいがちですが、締め切りが決まった途端、適度な緊張感が生まれます。

そして、「ダラダラ時間を過ごしていては、締め切りが守れない。時間をムダにしないで集中しよう」と思いはじめる。これが、締め切り効果です。

私の場合も、

「6時間で20冊の本を読まなければいけない。ということは、1時間で3冊以上の本を読まなければいけない」

と締め切りを設定したことで、時間をムダにできなくなったわけです（「6時間で20冊」が「目的」に、「1時間で3冊以上」が「マイルストーン」になっています）。

締め切り効果を使う

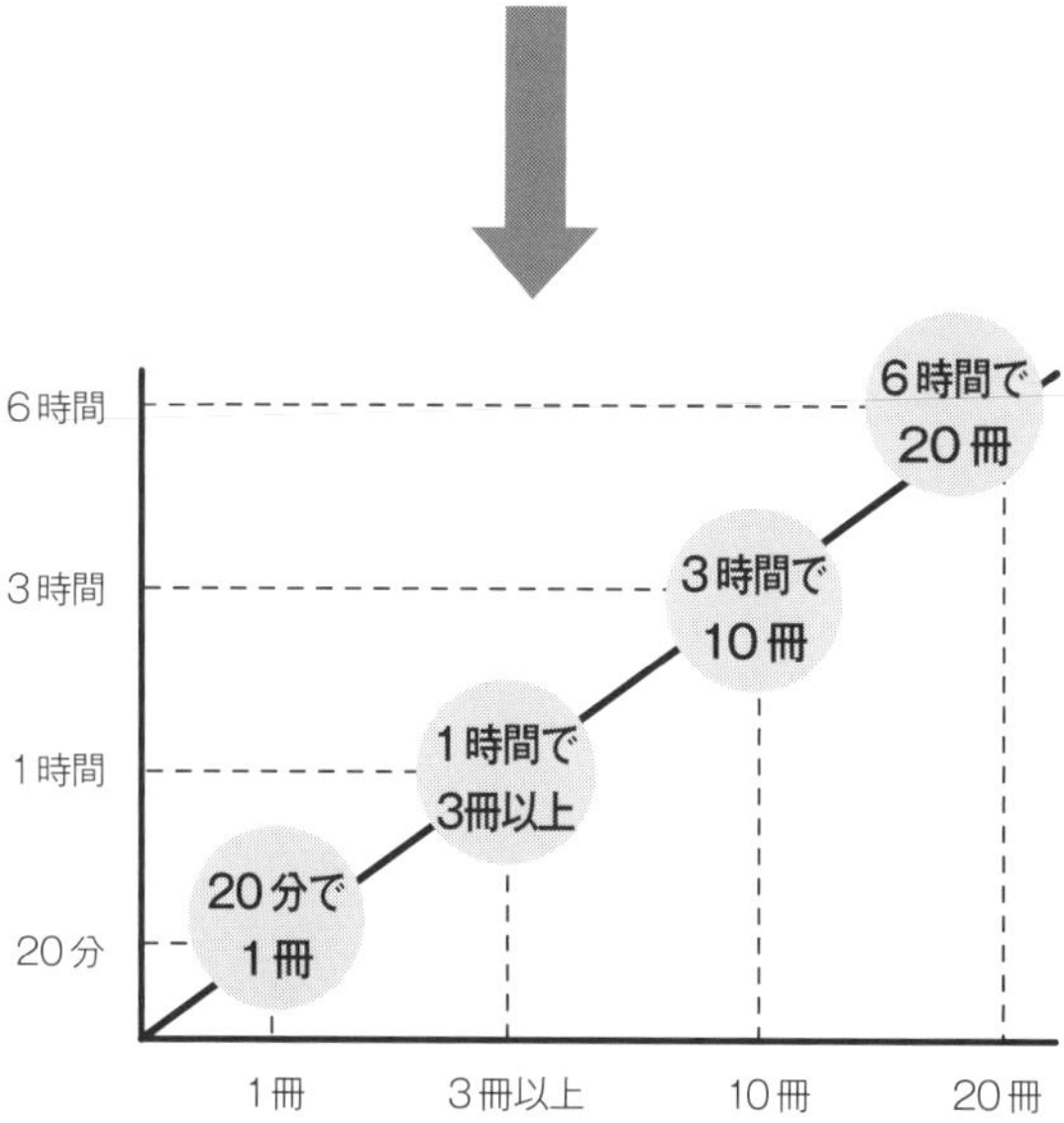

**ゴールが決まれば、必然的に
「締め切り」が決まる！**

受講生のHさんは、企画書などをまとめるとき、必ず「締め切り」を設定しています。「いまから1時間で、この企画書をまとめる」と同僚に宣言してから、タスクに取りかかっているそうです。

「終わるか終わらないか、ギリギリの時間」に締め切りを設定しているため、「気を抜くことがなくなった」といいます。

②「朝の時間」を使う

1日でたくさんの本を読むとき、私は「朝の時間」を活用するようにしています。記憶のメカニズムから考えると、朝は、夜よりも、勉強や仕事に適していると考えられています。

人間の脳は、目や耳を通して入ってきた情報を「睡眠中に整理」しています。目を覚ましたときには、重要ではない情報は忘れ去られて、新たな情報を受け入れるスペースができています。したがって、リフレッシュした朝の脳は、勉強や仕事に適してい

朝の時間を使う

なぜ、朝が勉強に適しているのか？

理由①

睡眠中に重要ではない
情報を消去

↓

**新たな情報を
受け入れるスペースが
できるから**

理由②

出社するまでの
30分で英単語を
3個覚えよう！

↓

締め切り効果大！

るのです。

また、「仕事や学校に行く前の限られた時間」に勉強をすることになるため、締め切り効果が使えます。

「出社までの30分間で英単語を3つ覚えよう」「通勤電車の30分間で、本を20ページ読もう」といった締め切りを設定すれば、集中して勉強できると思います。

ただし、「早朝から勉強しよう」と思っても、睡眠不足の状態では、かえって集中力が低下してしまうことがあります。

朝の時間を有効に使うには、「早めに寝る生活習慣」を身につけることも大切です。

③「12分集中+3分休憩」のサイクルで読む

私が「6時間で20冊」の本を読んだとき、「6時間、一度も休まずに本を読み続けた」わけではありません。計画的に「短い休憩」を入れながら、本を読みました。

「集中→休憩→集中→休憩」のサイクル

を回した結果、「6時間で20冊」読むことができたのです。

集中力は、永遠に続くものではありませんから、適度な休憩がとても大切です。

しかし、休憩を入れすぎたり、長時間休んでしまうと、勉強も仕事もはかどりません。

そこで、私がおすすめしているのが、

「12分集中＋3分休憩」

のサイクルです。


1時間を4つに分けて、勉強と休憩を繰り返します。すると、頭とカラダがあまり疲れずに、集中して勉強できます。

「12分で中断したら、中途半端なところで終わってしまうのでは?」と思われるかもしれません。でも、**「中途半端だからこそ、集中力が高まる」**のです。

中途半端な状態にしておくと、「あの続きはどうなっているのか」「早くキリのいいところまで進めたい」と思います。その渇望感《かつぼうかん》によって、勉強から完全に頭が離れることがありません。**休憩を終えたあとも、すぐに勉強に没頭できます。**

パソコンを例に考えると、わかりやすいでしょう。パソコンの電源を完全に落としてしまうと、次に立ち上げるときに、時間がかかってしまいます。ですが、「スリープ状態」にしていれば、パソコンをすぐに立ち上げることができます。

集中力も同じです。

休憩後、速やかに集中できる状態にしておかなければいけません。そのためには、「中途半端な状態」(＝続きが気になる状態)にしておくこと。

「中途半端な状態」にしておけば、休憩しても、完全には集中力が切れることはありません。すぐに集中力を取り戻すことができるのです(12分がひとつの締め切りになるため、締め切り効果も使えます)。

「12分集中＋３分休憩」のサイクルを取り入れる

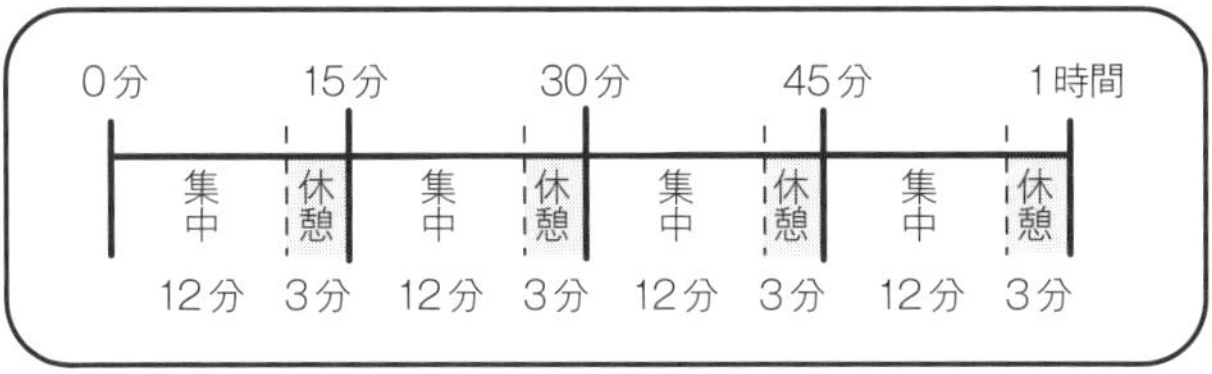

適度な休憩により、
頭とカラダの疲れを抑え、
集中して勉強できる

＋

その渇望感により、
休憩後、すぐに集中
できる！

14 休憩時間に「リラックス」する習慣を身につける

脳には「集中」と「リラックス（休憩）」の緩急が必要

脳は、**「集中する時間」と「リラックスする時間」の緩急**をつけたほうが、意欲的に働くと考えられています。「12分集中＋3分休憩」のサイクルで勉強をするのも、緩急をつけるためです。

私の休憩時間（3分間）の使い方は、おもに「3つ」あります。

何も考えずにボ〜ッとしているのではなく、休憩時間は「次の12分間のパフォーマンスを高めるため」に使っています。

①心地よいと感じるシーンを思い浮かべる
②深呼吸する
③「寒色系」の色を見る

①心地よいと感じるシーンを思い浮かべる

自分自身の経験の中から、**「リラックス気分を感じたシーン」を思い起こします。**

「海が見える露天風呂にゆっくり浸かり、波の音を聞きながら、夕日が沈むのを眺めている自分」とか「避暑地のリゾートホテルで、鳥のさえずりを聞きながら、淹《い》れたてのコーヒーの香りを楽しんでいる自分」とか……。

視覚だけではなく、嗅覚《きゅうかく》、聴覚、触覚、味覚など、「五感」を働かせて思い浮かべたほうが、リラックスしやすいと思います。

「目的を達成した自分の姿」「なりたい自分の姿」を空想するのもいいでしょう。

「グローバル企業で働きたい」のなら、「ニューヨークに赴任して、マンハッタンの街角を歩いている自分の姿」を想像してみる。すると、楽しい気分になれるはずです。

②深呼吸する

深呼吸には、脳の疲労感を軽減したり、リラックス効果をうながす作用があります。

【脳の疲れを軽減する】

人間は、緊張している状態だと、呼吸が浅く（しかも速く）なります。反対に、リラックスしているときは、呼吸が深くて、ゆっくりしています。

深呼吸をすると、脳内にセロトニンという物質が分泌されるため、脳の疲れを軽減する効果があるといわれています。

【自律神経を整える】

深呼吸には、「自律神経」を整える働きがあります。

自律神経は、人間が寝ている間でも生きられるように、体温調整や内臓の働き、ホルモン分泌などを正常化する役割を持つものです。自律神経が正常に働かないと、体内に疲労物質が溜まってしまい、疲れやすくなります。

自律神経には、「交感神経」と「副交感神経」の2つがあります。

緊張状態のときは、交感神経が副交感神経の働きよりも強くなっています。

逆にリラックスしているときは、交感神経より副交感神経の働きが強くなります。

わかりやすくいえば、仕事や勉強が続いているときは交感神経を、お風呂に入ってくつろいでいるときは副交感神経を使っています。

深呼吸をすると、緊張状態の交感神経から、リラックス状態の副交感神経へと切り替えることができるので、気持ちを鎮《しず》めることができます。

【リンパ液の流れをよくする】

リンパ液は、死んだ細胞や病原菌、微生物などを捕《とら》えて、感染を防ぐ役目を果たしています。「リンパマッサージ」は、自然治癒力を高めて、病気の予防、ダイエット、肩こりや冷え性を改善するとともに、リラックス効果があるといわれています。

深呼吸をすることでリンパ液が流れやすくなり、リラックス効果が期待できます。

リラックス効果が得られる「深呼吸」の方法

呼吸には、おもに「腹式呼吸」（腹筋や横隔膜の運動によって行われる呼吸）と「胸式呼吸」（肋間筋《ろっかんきん》によって行われる呼吸）の２つの方法があります。

「腹式呼吸」のほうが、「副交感神経を優位にしてリラックス効果が得られやすい」ため、休憩するときは、「腹式呼吸による深呼吸」を習慣にしましょう。

【腹式呼吸のやり方】

①背筋を伸ばして、リラックスする

②へその下に両手を当てて、お腹《なか》をへこませながら、息を吐き切る

③お腹をふくらませながら、鼻から息を吸い込む（この際、３回に分けて吸う）

私のセミナーでは、受講生に「一点に集中するトレーニング」をしていただくことがあります。

腹式呼吸のやり方

1

背筋を伸ばして、
リラックスする

2

へその下に両手を当てて、
お腹をへこませながら、
息を吐き切る

3

お腹をふくらませながら、
鼻から息を吸い込む

1～**3**を3セット行う

次ページの図のように、グルグルと渦を巻く図形を使ったトレーニングです。線を目で追って、「外側から中心」へ、あるいは「中心から外側」へと目を動かしていくのですが、気が散ったり、集中力が削がれると、線を見失ってしまいます。どこまで目でたどっていたのか、わからなくなってしまうのです。

何度やっても目を離してしまう人には、途中で「深呼吸」をしてもらうことがあります。

深呼吸をして、リラックスをする。

スピードはゆっくりでいいので、正確に線を追う。すると、たいていの方が中心（あるいは、外側の起点）にたどり着くことができます。深呼吸をしたことで気持ちが落ち着き、集中力が発揮されたのでしょう。

③「寒色系」の色を見る

色には「色彩効果」があります。人は、目に映る色に対して、無意識にいろいろな感じ

一点に集中するトレーニング

**線を目で追って、「外側から中心」へ、
あるいは「中心から外側」へと目を動かす。
何度やっても目を離してしまう人は、
途中で「深呼吸」をするとよい。**

方をしています。

たとえば、**暖色系（赤、オレンジ、黄など）には気持ちを前向きにしたり、時間の経過を速く感じさせる効果**があります。勉強や仕事に使うノートや付箋《ふせん》、マーカーは「暖色系」を使ったほうがやる気や集中力が高まります。


一方、**寒色系（緑、青）には、リラックス効果**があります。

「緑」はストレスを和らげて穏やかな気持ちに、「青」は精神的にも肉体的にも、安定した状態にする働きがあります。

ですから、オフィスに観葉植物を置いたり、勉強部屋のカーテンの色を青や緑に変えてみるのもいいかもしれません。

休憩中に「青や緑を見る」ように習慣づければ、集中とリラックスの緩急がつけやすくなると思います。

色の効果を使う

リラックス効果大！
寒色系
（緑・青）
緑や青のカーテン
観葉植物
やる気&集中力UP！
ペンやノート、手帳などを
暖色系で揃える
暖色系
（赤・オレンジ・黄など）
ペン
付箋
2014
Schedule
手帳
note
ノート

15

「やる気ホルモン」を出す習慣を身につける

脳内に「やる気ホルモン」を分泌させれば、集中力が高まる

集中力が発揮されるときは、脳内に「ドーパミン」という神経伝達物質が多く分泌されると考えられています。

「ドーパミン」は、とくに「好きなこと」や「興味のあること」に対して分泌され、脳を活性化させる作用があります。

でも、勉強や仕事は、必ずしも「好きなこと」や「興味のあること」ばかりとは限りません。

「あまり好きではないけれど、目的を達成するためには避けて通れない」とか「苦手科目を克服しないと、試験に合格できない」といった理由で「嫌々やらなければいけない」ときもあるでしょう。

では、「嫌いなこと（好きではないこと）」や「興味のないこと」を勉強するときは、集中できないのでしょうか……？　そんなことはありません。

人間の脳には、「ドーパミン」以外にも、集中力をサポートする物質があります。

それが、「TRH（甲状腺刺激ホルモン放出ホルモン）」。

別名「やる気ホルモン」

です。

このTRHが分泌されると、自分の興味や関心がないことでも、集中力を高められるのです。

脳内にTRHを分泌させるには、次の「3つのポイント」があるといわれています。

①十分な睡眠

最低でも、6時間以上の睡眠時間を確保する

②運動

ウォーキング（散歩）は、人間の筋肉の中で、もっとも太い大腿筋《だいたいきん》を使うため効果が高い（太い筋肉を使った運動のほうが、脳の刺激になる）

③噛む

咬合筋《こうごうきん》を使うとやる気ホルモンが分泌されやすいと考えられている。ガムなどを噛《か》むのは効果的

「やる気ホルモン」で、集中力を高める

1 6時間以上の睡眠

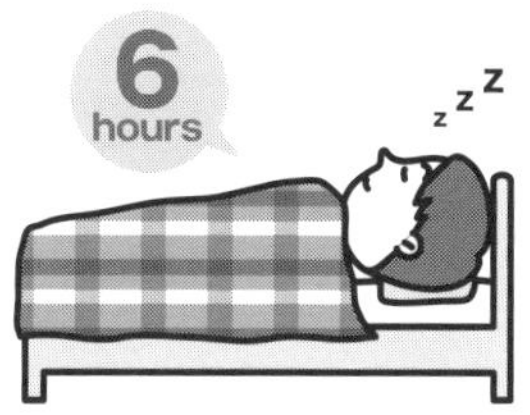

2 ウォーキング

3 ガムなどを噛む

やる気ホルモン

TRH（甲状腺刺激ホルモン放出ホルモン）

ステップ①

環境から集中してみる

耳から入る雑音が集中の妨げになるので、雑音の少ない早朝に起きて、勉強したり、読書をする。

ステップ②

早口で音読する

早口で音読すると、目、声（口）、耳を複合的に使うので、集中力が鍛えられる。ポイントは、内容のむずかしい文章を選ぶこと。理解に多少の困難をともなうほうが集中力が必要となる。

ステップ③

ノイズの多い環境で、集中力を強化する

集中できるようになったら、ノイズが多く集中しにくい環境で勉強や仕事をすることで集中力を強化する。

集中には、同じ姿勢を維持する体力が必要なので、１日30分程度の有酸素運動をする。「10分を３回」程度でもかまわない。

集中力を高めるエクササイズ

ステップ① 環境から集中してみる

雑音の少ない早朝から
勉強する

↓

集中力UP

ステップ② 早口で音読する

多少
むずかしい
内容のほうが
ベター！

目や声（口）、耳などを
複合的に使う

↓

集中力UP

ステップ③ ノイズの多い環境で、集中力を強化する

たとえば
電車の中

雑音が多いところでも
集中できる

↓

集中力UP

2日目
「集中して時間を使う習慣」を身につける

まとめ

- 集中力は、環境や条件によって左右される
- 緩やかな衆人環視の環境に身を置いたほうが、サボらない
- 「12分集中＋3分休憩」のサイクルを取り入れると、勉強がはかどる
- 【休憩時間の使い方は、次の3つ】
①心地よいと感じるシーンを思い浮かべる
②深呼吸する　③「寒色系」の色を見る
- 「十分な睡眠」「運動」「ガムを噛む」の3つで、やる気ホルモンを分泌させる

脳が
変わる
習慣

3日目

「上手に覚える習慣」を身につける

16 「記憶の種類」を意識する習慣を身につける

記憶は、「3つの段階」で一生ものになる

3日目に身につけていただきたいのは、「上手に覚える習慣」です。

記憶には、大きく「3つの種類」があります。

①短期記憶
②中期記憶
③長期記憶

①短期記憶……「数十秒〜数分程度」覚えておける記憶

パーティー会場で、初対面の人と「名刺交換」をしたとします。名刺を受け取ってからしばらくの間は、その人の名前を覚えていられるでしょう。

ですがその後、たくさんの人と挨拶をしたり、パーティーを楽しんだりしているうちに、「あの人、さっき名刺交換したんだけど、誰だっけ?」と名前を忘れてしまうことがあります。

脳は、**「自分にとって必要性の低いものは、すぐに忘れる」**特性を持っています。

ですから、「パーティーでたまたま知り合っただけの人」の名前を忘れるのは、しかたのないことです。

短期記憶には、「ワーキングメモリ」と呼ばれる領域があります。何かの作業をする(ワーキング)ために、一時的に情報を覚えておく働き(メモリ)です。

ワーキングメモリは、暗記、暗算、会話、思考力などに影響すると考えられています。

ワーキングメモリの使い方によって、「覚えられる量も、スピードも変わる」のが通説です（ワーキングメモリについては、134ページにて詳述します）。

②中期記憶……「1ヵ月程度」覚えておける記憶

短期記憶の中で、「強い興味がある」ものは、中期記憶に移行します。

パーティーで名刺交換をした（初対面の）相手が、じつは「数週間後に、仕事を一緒にする予定のクライアント」だったとしたら、その相手の名前を「しっかり覚えておこう」と思うでしょう。なぜなら、あなたにとって「興味のある名前」「大事な名前」だからです。

興味を持ったことで、その情報は中期記憶となります。したがって、「数十秒〜数分程度」で忘れてしまうことはありません。

③長期記憶……「数ヵ月から一生」覚えておける記憶

「この情報はとくに大事だ！」と脳が判断すると、次の段階である「長期記憶」へと送られることになります。

あなたが、自分の携帯電話の番号を覚えていられるのも、住んでいる住所を覚えているのも、自分の名前を覚えているのも、「大事な情報」だからです。

ひとたび長期記憶に移行されると、すぐに忘れてしまうことはありません。

ということは、「覚えたことを、忘れない（長く覚えていられる）」ようにするには、「短期記憶」→「中期記憶」→「長期記憶」へと情報をすばやく移していくことが必要なのです。

17 「繰り返し復習」をする習慣を身につける

長期記憶に移すには「復習」がもっとも効果的

勉強したことが、すぐに長期記憶に移行するとはかぎりません。さまざまな情報の中から、長期記憶に残すことができるのは、ほんの少し。

人間の頭の中では、絶えず情報の取捨選択が行われています。

最新の脳科学では、

「長期記憶に移行するまでに、**忘れるタイミングが3回訪れる**」

と考えられています（取捨選択する機会が3回ある、ともいえます）。

・1回目……情報に接しても「短期記憶」に保存されない（情報が目に入ったとしても、自分には関係がないため、記憶に留まることがない）
・2回目……短期記憶として残されても、「強い興味」がなければ、「中期記憶」には移行せず、消えてしまう
・3回目……1ヵ月程度残った中期記憶の情報の中で、「これは、自分にとって必要な情報である」「この情報は、一生覚えておくべきことである」と判断した場合のみ、長期記憶として保存される。それ以外の情報は、長期記憶には移行しない

では、取捨選択する情報の中で、必要なものを確実に保ち、長期記憶へと移すためにはどうすればいいのでしょうか？

「短期記憶」→「中期記憶」→「長期記憶」と情報を移行させていくには、**「この情報は、自分に必要である」と脳に判断させること**が大切です。そして、脳に「必要である」と思わせるには、

「繰り返し復習をする」のがもっとも効果的です。

復習を繰り返すことで、脳は「何度も目にしているのだから、この情報は必要なんだ。では、長期記憶に入れておこう」と判断します。

復習の回数は「1ヵ月に4回」

ドイツの心理学者、ヘルマン・エビングハウスは、意味のない3つのアルファベットの羅列を被験者に覚えさせ、「その記憶がどれくらいのスピードで忘れられていくか」を調べました。

その結果をグラフ化したのが、「エビングハウスの忘却曲線」です（記憶術や勉強法を学んだ方なら、すでにご存知だと思います）。

この結果からわかるのは、
①記憶は、覚えた直後から、半分以上忘れてしまう

エビングハウスの忘却曲線と復習のタイミング

エビングハウスの忘却曲線

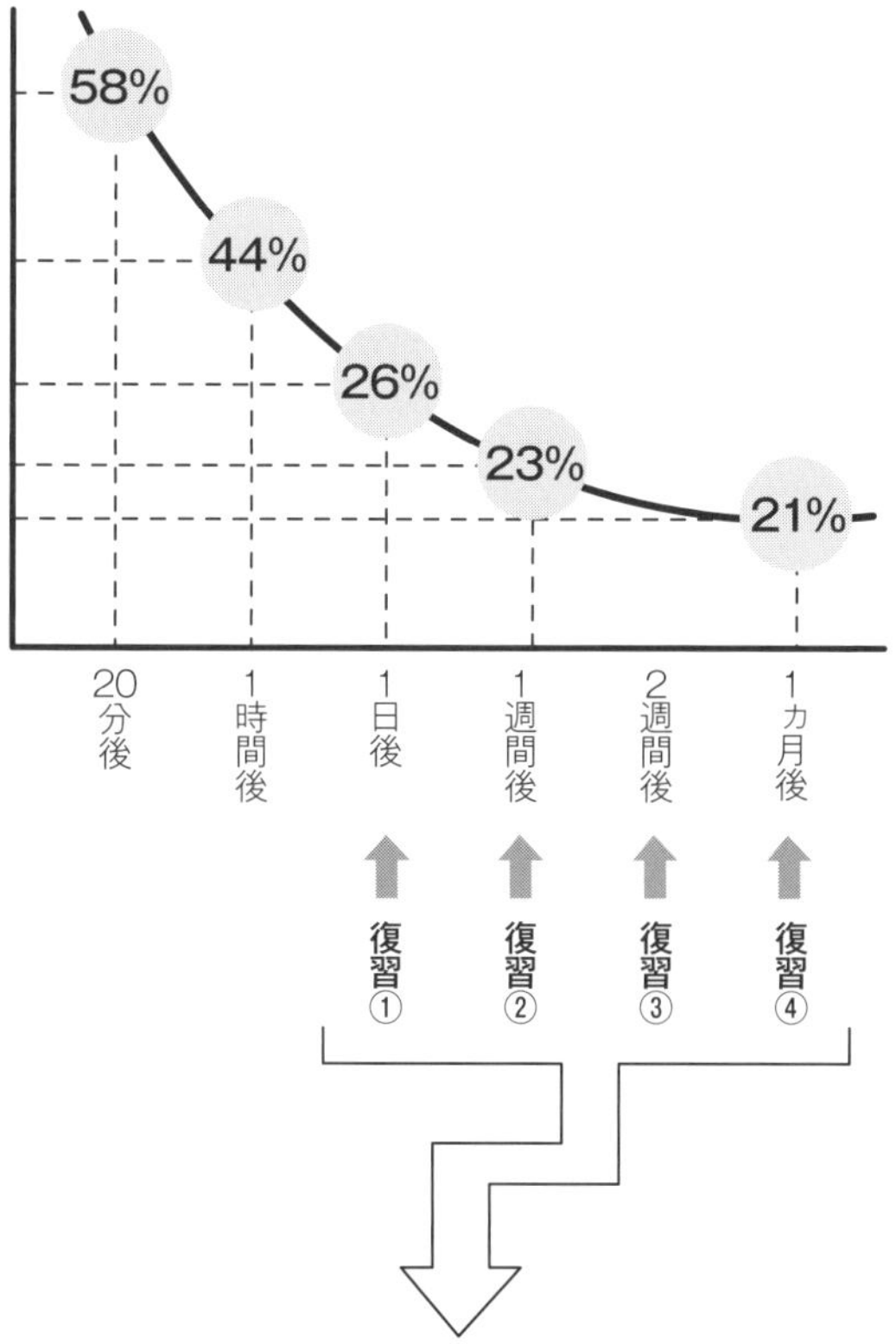

1ヵ月に4回の復習をすることで記憶が定着する

②残った記憶は、ゆっくり忘れていき、長く保持される

（残った記憶の情報量がとても少ない）

ことです。忘れるスピードを遅くし、たくさんの情報を長く保持するには、「タイミングよく復習を繰り返す」しかありません。短期記憶から長期記憶に移すには、**「1ヵ月に4回の復習」**が必要だと言われています。

【復習の回数とタイミング】

・1回目　勉強した翌日
・2回目　勉強した日から1週間後
・3回目　勉強した日から2週間後
・4回目　勉強した日から1ヵ月後

頭の中に情報が留まっているうちに「何度も振り返って、記憶を定着させる」ことが大切です。

適度に期間を開けたほうが、記憶の整理が進む

脳の特性として、**「適度に期間を開けると、記憶の整理が進む」**と言われています。

これを、認知心理学では「レミニセンス現象」と呼びます。

「覚えた直後」より、「覚えてから一定時間経過後」に復習をしたほうが、思い出しやすくなる（記憶に定着する）ことがわかっています。

「復習は回数を多くしたほうがいい」のですが、間も開けずに、1日に何度も繰り返しても、それほど意味はありません。

「脳内の記憶を整理する時間」を確保しながら、タイミングを見計らって復習を続けましょう。

18 覚えたことを「アウトプットする」習慣を身につける

インプットしたら、必ず「アウトプット」する

「速習法セミナー」の受講生の中には、

「一度勉強したことを、もう一度繰り返すのは面倒だ」

「同じ本（参考書）を、もう一度読み返すのは、時間がもったいない」

という理由で「復習が苦手」な方がいらっしゃいます。

ですが、復習をする際、一度勉強した内容を、「すべて、もれなく、同じように」繰り

返す必要はありません。「そうそう、こういうことだったよね」と確認できれば、それだけでも「復習の効果」は期待できます。

私が「速習法セミナー」でお伝えしている復習方法は、次の「3つ」です。

①本の内容や勉強の要点をメモにまとめて、見返す

重要だと思える部分を書き出しておき、月に4回見返す。

②本や参考書の「目次」を見て、内容を思い出せないところだけ読み返す

本の内容を理解していれば、「目次を読み返す」だけで、「どのようなことが書いてあったか」を思い出すことができるでしょう。

「思い出せない」としたら、それは、理解が不十分だからです（本をパラパラとめくり返すだけでも、内容を想起する手助けになります）。

③本の内容を人に話す

「人に話す」という過程で、自分の中で引っかかっていたところ（疑問点）や、答えられなかったところなど、「記憶が十分ではないところ」を、新たにチェックすることができます。

勉強して得た知識や、本で気になったポイントをメモして、その内容を人に話してみましょう。

正確に理解している知識は、きちんと説明できるはずです。一方で、理解が十分ではない知識は、相手を納得させることができません。

理解度が低いところは、もう一度「振り返る」。そうすることで、再度、知識をインプットできます。

復習を効果的にする「3つの方法」

1 要点をまとめたメモを、月に4回見返す

2 思い出せない部分をパラパラとめくる

3 勉強したことや読んだ内容を人に話す

理解が十分でない
↓
相手を納得させられない
↓
再度、知識をインプットする

しっかり理解できている
↓
相手を納得させられる

19 「ワーキングメモリ」を鍛える習慣を身につける

一時的に覚えておける記憶の容量を増やす

ワーキングメモリは、**「何かの作業や行動をするために、一時的に覚えておく記憶」**のことです。

たとえば、トランプの神経衰弱。カードを1枚めくったときに、そのカードのスート（マーク）と数字とカードの場所を「一時的に覚えておける」のは、ワーキングメモリが働いているからです。

もしもワーキングメモリが働かなければ、「一瞬前の記憶が消失」してしまいます。どんなカードが、どこに置かれているのかがわかりませんから、ゲームには勝てないでしょう。

ワーキングメモリは、誰もが持っている能力です。けれど、その能力（容量）には「個人差」があります。

この能力が高い人は、一般的に集中力が高く、問題を解決する能力が高いと言われています。「IQや知能の約50パーセントは、ワーキングメモリの容量に影響する」という説もあります。

仕事や勉強をするときにも、ワーキングメモリは重要な役目を果たしています。

集中力を維持するのはもちろん、さまざまに飛び交う情報の中から重要な情報をピックアップして記憶したり、物事の優先順位をつけたり、過密なスケジュールを管理したりするときにも、ワーキングメモリを使っています。

ということは、ワーキングメモリの能力や容量を高めれば、「効率よく記憶できる」ことなるのです。

ワーキングメモリは、日常的に鍛えることができます。

次ページからは、ワーキングメモリを鍛えるエクササイズをいくつか紹介します（ワーキングメモリの能力は、30歳をピークにゆっくり下降すると言われています。能力を錆《さ》びつかせないためにも、エクササイズを習慣にしましょう）。

ワーキングメモリを鍛えるエクササイズ

文章をすべて読んでから、声に出してみましょう。

**視覚を通してワーキングメモリを強化し、
「読んで覚えること」を強めることができます。**

1

START

叱	っ
て	く
れ	る
人	を
持	つ
こ	と
は	大
き	な
幸	福
で	あ
る。	

解答 叱ってくれる人を持つことは大きな幸福である。
（松下幸之助の言葉）

2

営好で、をくて恵集るとでるの誰も営にれ

START

経がき辞低し知をめこがきもは、で経者なる。

解答 経営が好きで、辞を低くして知恵を集めることができるものは、誰でも経営者になれる。
（松下幸之助の言葉）

3

START

のい営好しなよに、な慈のな政はさるずな

愛な経がまくいう愛り悲少い治許れはがい。

解答 愛のない経営が好ましくないように、愛なく慈悲の少ない政治は許されるはずがない。
（松下幸之助の言葉）

20

「カテゴリー別」に覚える習慣を身につける

「意味のかたまり」にまとめると、覚えやすくなる

一般的に、人が瞬間的に覚えていられるのは、「7個前後」と言われています。

「7個前後」とは、「7つの文字（数字）」ではなく、

「意味のある7つのかたまり」

のことです。

認知心理学では、この「意味のあるかたまり」を、「チャンク」と呼んでいます。「単語の数」と考えるとわかりやすいかもしれません。

「7チャンク前後」(7つの意味のあるかたまり)であれば、人はワーキングメモリを使って、一時的に記憶を保持することができます。

では、「7チャンク以上は覚えられないのか」というと、そんなことはありません。

7チャンク以上ある場合は、**「カテゴリー別に分けて、チャンクの数を少なく」**すると、ワーキングメモリを効率よく使うことができます。

たとえば、

「エンピツ、デスクトップパソコン、雑誌、消しゴム、教科書、マウス、定規、キーボード、参考書」

という9つの単語を、覚えることになったとします。

この時点で「9チャンク」ありますから、これを順番に覚えていくのはむずかしい。そこで、9つの単語を「カテゴリー分け」して、チャンクの数を減らします。

(カテゴリー分け)

・文房具関係……エンピツ、消しゴム、定規

・パソコン関係……デスクトップパソコン、マウス、キーボード
・本関係……雑誌、教科書、参考書

このように、「9チャンクあった単語」を「3つのカテゴリー（3チャンク）」に分ける（チャンク数を3分の1に減らす）と、難易度が下がります。
「数が多くて一度に覚えられない！」と感じたときは、

「カテゴリーに分けて、チャンクの数を減らす」

と覚えやすくなるのです。

カテゴリー分けして、チャンクの数を減らす

エンピツ・雑誌・消しゴム・
デスクトップパソコン・キーボード・
参考書・定規・教科書・マウス

↓

9チャンク

でも、
カテゴリー分けをすると、

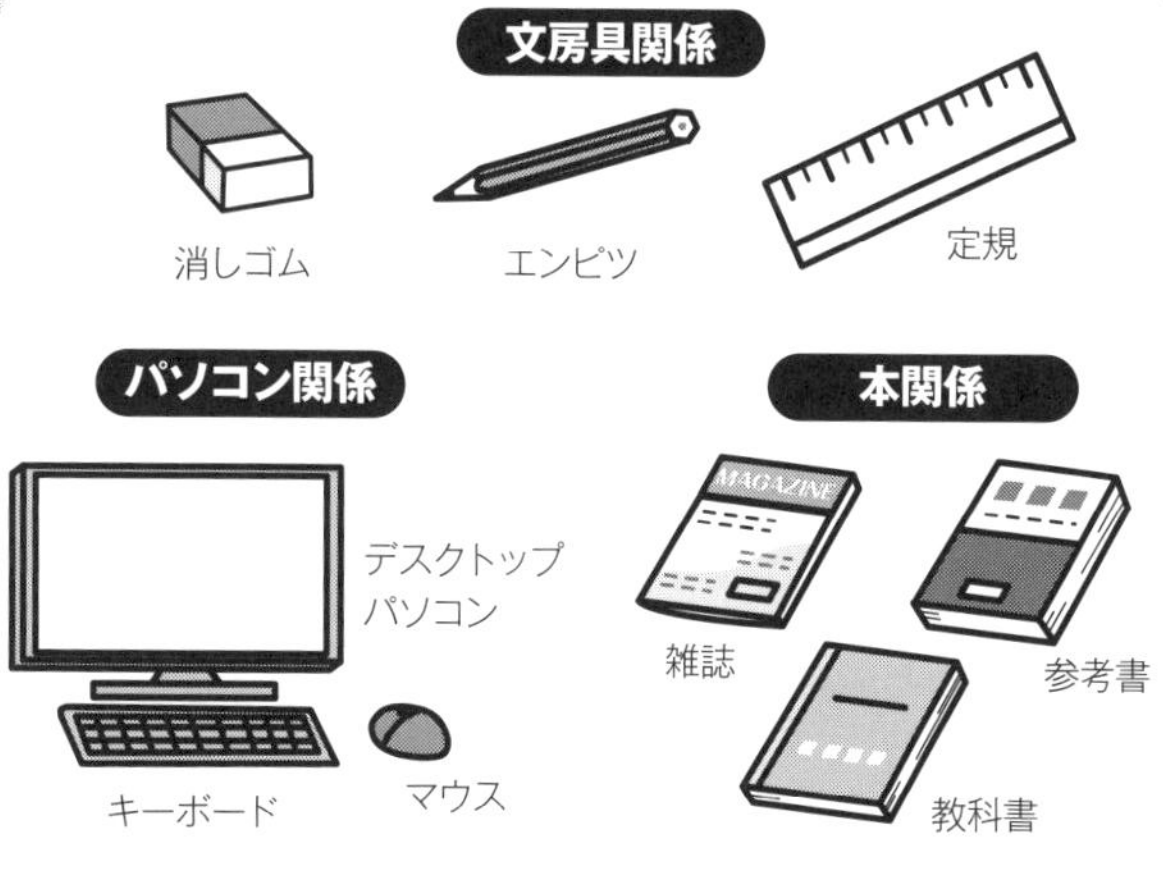

3つのカテゴリーに分ける

↓

3チャンクに減る

21

「エピソード」で覚える習慣を身につける

「エピソード記憶」とは、自分が経験した記憶のこと

私からみなさんに、ひとつ、質問をします。

「昨日の夕食は、何を食べましたか？」

夕食を食べていない方は、もちろん答えることはできませんが（笑）、多くの方が、「覚えようとしたわけではないのに、何を食べたか思い出せる」のではないでしょうか。

ちなみに私は、「唐揚げ定食」をいただきました。とてもおいしかったです。

どうして私は「昨夜、唐揚げ定食を食べた」ことを覚えているのか。それは、記憶のしくみとして、

「個人的な経験に基づく記憶」は残りやすい

からです。

「個人的な経験に基づく記憶」のことを、**「エピソード記憶」**といいます。

「小学校のときの運動会で1等賞を獲《と》った思い出」や、「初恋の彼氏（彼女）の顔」を思い出せるのも「エピソード記憶」のおかげです。

エピソード記憶には、出来事、時間、場所、景色、感情などが一緒になって記憶されています。とくに「感情」をともなっているため、記憶に残りやすいと考えられています。

エピソード記憶を勉強に役立てることができれば、覚えやすく、忘れにくい記憶をつくることができるでしょう。

自分が主役のストーリーを立てる

エピソード記憶を活用するひとつの方法として、**「自分」を主役にした「ストーリーをつくる」**と効果的です。

前述のとおり、エピソード記憶は、「自分の経験」に基づいた記憶です。

「小学6年生のときに学級委員になった」「中学のときはサッカー部に入部し、県大会で優勝した」「大学受験に失敗して浪人していた」……。

当時のシチュエーションをいまも思い出すことができるのは、**「自分が主役になっている（自分中心の思い出になっている）」**からです。

ということは、勉強を題材にした「自分を主役にしたストーリー」をつくれば、記憶に残りやすい（思い出しやすい）と考えられます。

たとえば、「税理士資格に関する条項」を覚えることになったとします。

「第三条① 次の各号の一に該当する者は、税理士となる資格を有する。ただし、第一号又は第二号に該当する者については、租税に関する事務又は会計に関する事務で政令で定めるものに従事した期間が通算して二年以上あることを必要とする」

この条文をそのまま丸暗記するのは、難易度がとても高い。私にもさっぱりわかりません（笑）。でも、「自分を主役にしたストーリー」を頭の中につくれば、エピソード記憶を使うことができます。そこで、一例として、

「あなたがすでに税理士として活躍していて、学生から次のような質問を受けた」

というストーリーを頭の中でつくってみます。

学生 「税理士の資格は、どんな人が持っているのですか？」
あなた「まず、税理士試験に合格した人です」
学生 「それだけですか？」
あなた「ほかに、第六条に定めた試験科目全部を、第七条と第八条の規定で試験を免除された人、弁護士、公認会計士です」

学生　「弁護士や公認会計士も、税理士の資格を持っているんですね」
あなた「ただ、2年以上の事務経験がなければいけません」
学生　「どんな事務をすればいいのでしょう？」
あなた「租税に関する事務か、会計に関する事務です」

想像がしやすいような「自分を主役にしたストーリー」を仕立てる。

そうすれば、エピソード記憶が使えるため、「昔の思い出」と同じように、深く記憶に残るようになるのです。

ストーリーをつくるときは、「5W1H」で

私のセミナーの受講生から、

「ストーリーがなかなか思いつかない」

「試験本番がもうすぐなので、覚えることをすべてストーリーに仕立てる時間がない」

と相談を受けたことがあります。

「ストーリーが思いつかない」「時間がない」ときは、

「どうしても覚えなければいけないこと」

にポイントを絞って、

「5W1H」

の順番で当てはめていくと、ストーリーをつくりやすいと思います。

【5W1H】

「Who（誰が）」

「When（いつ）」

「Where（どこで）」

「What（何を）」

「Why（なぜ）」

「How（どのように）」

「5W1H」でストーリーをつくると、ボンヤリとしていたシチュエーションがクッキリと輪郭《りんかく》を持ち、思い出しやすくなります。

たとえば、

「出勤前の早朝、会社近くの喫茶店で、資格取得のためにノートに書いて勉強をした」

というシチュエーションを「5W1Hに分解」すると、

「Who→私が」
「When→出勤前の早朝」
「Where→会社近くの喫茶店」
「What→勉強した」
「Why→資格取得のため」
「How→ノートに書いて」

こうすることで、ストーリーを「具体的なシチュエーションと合わせて記憶できる」のです。

また、ストーリーの中に、「香る」「触れる」「味わう」といった感覚を入れておくのも効果的です。

「ラベンダーの香りがした」（嗅覚《きゅうかく》）
「挽《ひ》き立てのコーヒーを味わった」（味覚）
「心地よいコットンの手触り」（触覚）

など、五感をフルに使うと、シーンをはっきりと思い浮かべることができます。

22 「語呂合わせ」で覚える習慣を身につける

「音読」をしたほうが、理解が深まる

私たちが勉強をするとき、おもに使っているのが、「目」と「耳」です。目で見たり、耳で聴いた情報を、頭の中に入力して、記憶しています。

目で見た情報を記憶することを**「視覚記憶」**、耳で聴いた情報を記憶することを**「聴覚記憶」**といいます。

意外に思うかもしれませんが、**本を読んだり、勉強するときには、「聴覚」を使っています。**

目で文字を追いながら、同時に頭の中で「自分の声で読み上げる」。つまり、実際に声は出していなくても、「音読する」ときに、「聴覚」を使っているのです。

「駅からの地図を手に入れて、目的地に行く」とします。このとき、

「進行方向側の改札口を左に出て、踏切を渡り、2つ目の信号を右折。3つ目の十字路を左に曲がったところ」

と言葉にすれば、頭の中に映像が浮かび上がり、より精度の高い記憶を手に入れられます。

見ただけではなく、声に出したり、頭の中で読み上げる「音読」を取り入れると、短時間で覚えられ、記憶を長く保つことができるのです。

音読をすると、文章中の、「主語と述語の関係」が見えてきます。また、黙読で飛ばしていた「意味のわからない単語」も、音読では読み飛ばすことができません。ある程度の内容を理解しなければ、音読はできないのです。

逆に言えば、スラスラと音読するためには、書いてあることの概略を理解しなくてはいけません。
勉強中に「ちょっとむずかしいな」「内容がよく理解できないな」と感じたときには、意識的に「音読」を行ってみてください。理解の手助けになるはずです。

語呂合わせで「イメージ」と「意味」を同時に覚える

たとえば、

「5236923」

という数字を、見ただけで（視覚記憶だけで）覚えるのに対して、

「ごーにーさんろくきゅーにーさん」

と、読み上げたほうが、覚えやすくなります。さらに、

「ゴー兄さん！（523）　ロック兄さん！（6923）」

と語呂合わせをすると、聴覚記憶が働きやすくなります。

語呂合わせは、聴覚記憶を使った記憶法です。文字や数字などから連想できる「音」に当てはめて、意味が通じる単語や文章に置き換えています。

そして、意味のある単語や文章にすることで、ストーリーや情景が浮かび上がります。

日本史の年号や、化学の周期表を語呂合わせで覚えた人も多いでしょう。

「啼《な》くよ、鶯《うぐいす》、平安京」（794年　平安京遷都）
「いい国つくろう、鎌倉幕府」（1192年　鎌倉幕府成立）
「水平リーベ、僕の船、七曲がりシップスクラークか」
（H　He　Li　Be　B　C　N　O　F　Ne　Na　Mg　Al　Si　P　S　Cl　Ar　K　Ca）

どれも本当の意味とは関係のない言葉ですが、「意味が通じるように言葉を当てはめる」ことで、頭の中にイメージが浮かんできます。

「語呂合わせ」は、「イメージ」と「意味」を同時に覚えることができる点で、理にかなった記憶方法なのです。

語呂合わせで、イメージと意味を一緒に覚える

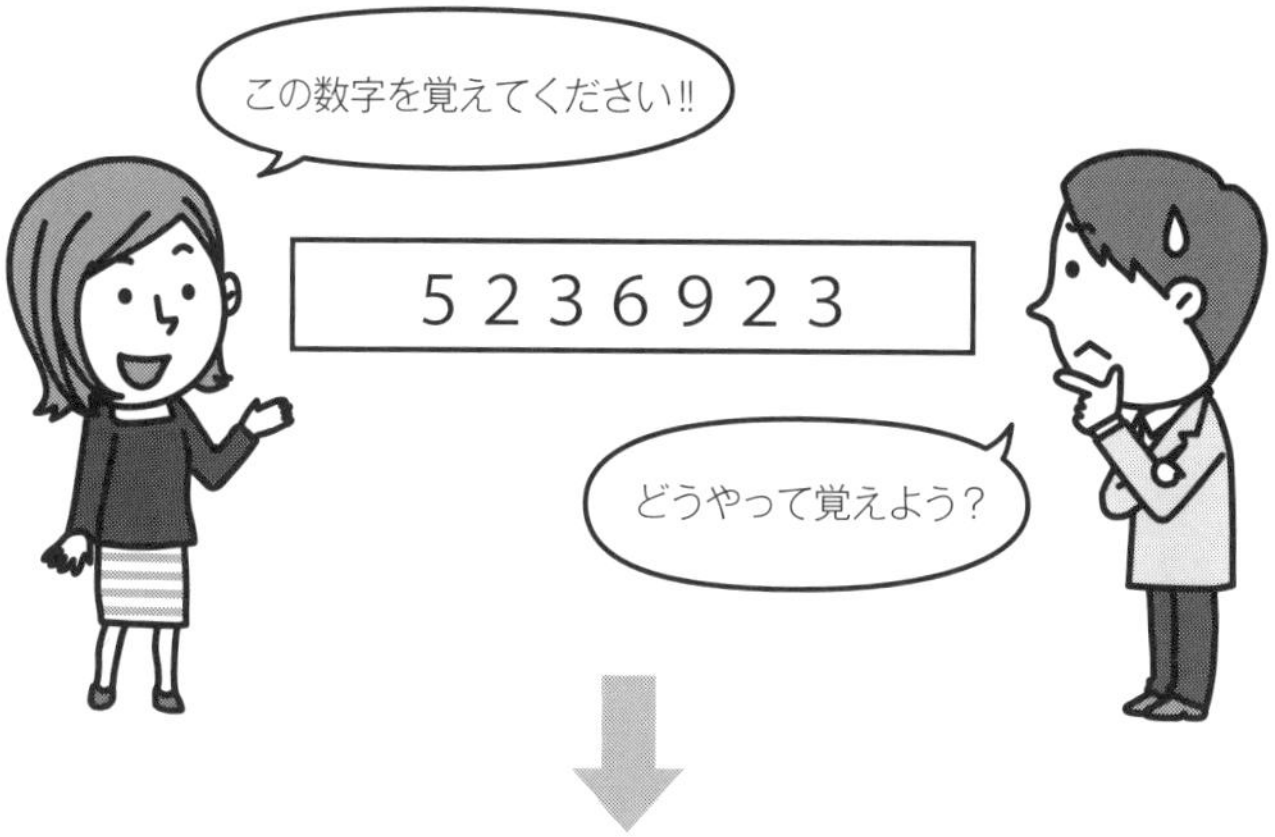
この数字を覚えてください!!
5236923
どうやって覚えよう？

語呂合わせをすると、
たとえば、

「ゴー兄さん！（523）
ロック兄さん！（6923）」

ロックなお兄さんを
思い出せばいいのか！

23 英単語の意味を「予想する」習慣を身につける

「似た単語」は、まとめたほうが「一度に、たくさん」覚えられる

「strum」という単語があります。この単語は、ギターなどを「つまびく」という意味です。学生時代の私だったら、ひたすらノートに「strum」というアルファベットを書いて、「つまびく」「つまびく」「つまびく」と何度も繰り返し覚えたことでしょう。

たしかに、短期記憶↓中期記憶↓長期記憶と情報を移行させていくには、「繰り返す」ことが有効です。ですが、仕事の合間を縫って勉強をする場合、「繰り返しノートに書き続ける」時間的な余裕はありません。

そこで現在の私は、**「似た単語」をまとめながら（カテゴリーに分けながら）英単語を覚えています。**

たとえば、

「Telepathy」（テレパシー）
「Telegraph」（電報）
「Teleportation」（瞬間移動）
「Television」（テレビ）
「Telephone」（電話）
「Telemetry」（遠隔測定法）
「Telescope」（望遠鏡）
「Teleworker」（在宅勤務者）

これらの単語には、すべて「Tele」という「接頭辞」がつけられています。

接頭辞は、言葉の前につけることで、派生語をつくります。元の言葉の意味を補ったり、変えることができるのです。

「Tele」には、「遠くの～」という意味があります。

したがって、「Tele-」という英単語が出てきた場合、「遠く」という意味が含まれていることが推測できます。

「接頭辞」がわかっているだけで、文章中に「Tele-」がつく単語が出てきたとき、その意味がわからなくても、前後の話の流れから、「おそらく、こういうことだろう」と予測できるようになるのです。

ひとつひとつの単語を、コツコツ覚えておくよりも、「似た単語」をまとめて覚えておけば、たとえ忘れてしまったとしても、意味を推測できます。

覚えておくべき接頭辞は、「14個」だけ

覚えておくべき「接頭辞」は、たったの「14個」しかありません。ミネソタ大学のJames I. Brown 教授は、この14個を「14のマスターワード」と呼んでいます。「たった14個」の接頭辞をマスターするだけで、1万4000語もの英単語の意味がわかるようにな

ります（14万語という説もあります）。

具体的に覚えておくべき「接頭辞14個」は、162ページを参照ください。

では、14個の接頭辞を使った覚え方を紹介しましょう。

14個の接頭辞を中心において、放射状に接頭辞を使った英単語を並べるようにノートに書き込んでください（163ページを参照）。

ノートに図柄を書き込むことで、ビジュアルとして頭に深く刻まれます。

14個の接頭辞を中心に覚え、それをノートに書き込んでいくうちに、英単語を暗記しやすくなるだけでなく、知らない英単語の意味も予測できるようになります。

「14個の接頭辞」を使った英単語の例

1	precept	・pre-（前に） ・cept（取る）	（前もって取る、警告する） ⇒処世訓、教え
2	detain	・de-（離れて、下に） ・tain（持つ、保つ）	（離れて押さえつけておく） ⇒拘留する、留置する、拘束する
3	intermittent	・inter-（間に） ・mit（送る、投げる）	（間に投げ入れられたもの） ⇒断続的な、時々途切れる
4	offer	・of-（〜に対して） ・fer（運ぶ）	（〜のほうへ運ぶ） ⇒提供する、申し出る
5	insist	・in-（〜の中に、上に） ・sist（立つ）	（〜の上に立って譲らない） ⇒主張する
6	monograph	・mono-（ひとつの） ・graph（書かれたもの）	（ひとつのことについて書かれたもの） ⇒（単一分野をテーマとする） 研究論文、単行本
7	epilogue	・epi-（〜の上に） ・log（y）（言葉、学問）	（上につけ加えられた言葉） ⇒結末、結びの言葉
8	aspect	・ad-（〜に向かって） ・spect（見る）	⇒側面
9	uncomplicated	・un-（〜でない） ・com-（共に） ・ply（折る）	（一緒に折り重ねられていない） ⇒複雑でない、単純な
10	nonextended	・non-（〜でない） ・ex-（外に） ・tend（伸ばす、引く）	（外に広がっていない） ⇒延長されていない
11	reproduction	・re-（再び） ・pro-（前に） ・duct、duce（導く）	（再び前に導かれたもの） ⇒複製品、再生産
12	indisposed	・in-（〜でない） ・dis-（離れて） ・pose（置く）	⇒気が向かない
13	oversufficient	・over-（越えて） ・sub-（下に） ・fic（t）（作る、なす）	（十分になされた状態を越えている） ⇒過剰の
14	mistranscribe	・mis-（誤った） ・trans-（越えて） ・scribe（書く）	（誤まって向こうに移して書く） ⇒誤って書き写す

※James I. Brown教授が示した14のマスターワード

放射状に接頭辞を使った英単語を並べる（例）

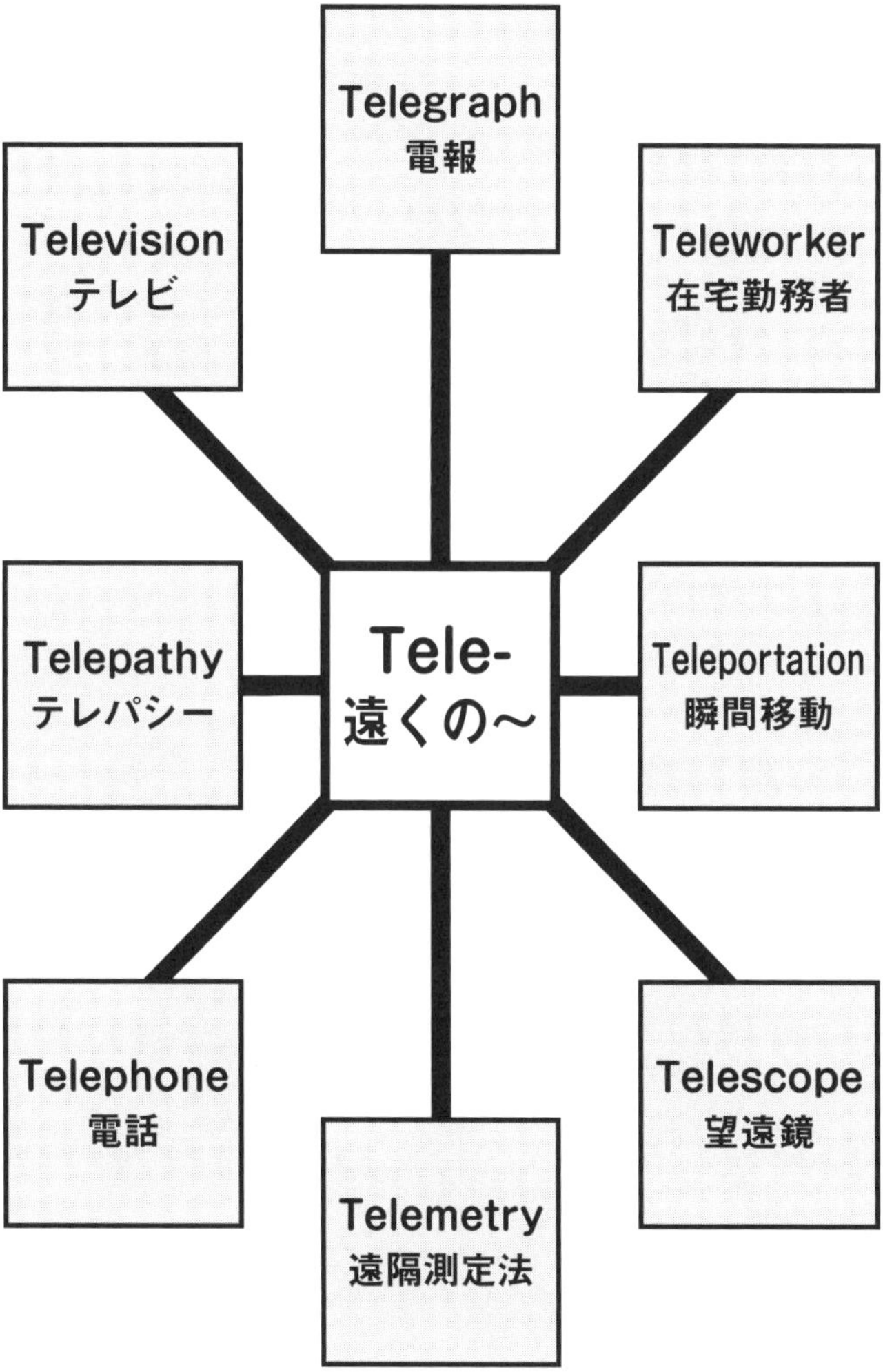

記憶力を高めるエクササイズ

ステップ①

ブドウ糖の摂取

ステップ②

睡眠時間の確保

ステップ③

手書きでメモを取る

ステップ④

目をつぶって字を書く

ステップ①

ブレインフードのブドウ糖、不飽和脂肪酸、アミノ酸、抗酸化物質を積極的に摂る

脳は、そのほとんどのエネルギーをブドウ糖から得ている。とくに不飽和脂肪酸「オメガ3」が有効。これらは記憶にとって重要な役割を果たす。アミノ酸はタンパク質が豊富な食品に含まれ、神経伝達物質の連結をサポートし、脳の回転の速さに寄与。抗酸化物質はこの酸化ストレスから脳を守る。

ステップ②

睡眠時間をしっかり確保する

睡眠の質をよくすることは、記憶力の上昇につながる。

ステップ③

メモは、「手書き」で取る

文章を書くことでエピソード記憶を刺激する。

ステップ④

視覚記憶の活性化のために、目をつぶって原稿用紙に字を書く

記憶力を高めるためには、イメージ力が大事。ここで言うイメージ力とは、「たくさんのセンサーでモノを感じる力」のこと。五感や5W1Hを使って表現すると、イメージ力が働きやすい。

3日目
「上手に覚える習慣」を身につける まとめ

- 「短期記憶」→「中期記憶」→「長期記憶」へ情報を素早く移すと、忘れにくい
- 長期記憶に移すには「復習」がもっとも効果的。復習の回数は「1ヵ月に4回」
- もっとも効果的な復習は、覚えたことを「人に話す」こと
- 「ワーキングメモリ」を鍛えると、一度に覚えられる量が増える
- 「個人的な経験に基づく記憶」（エピソード記憶）は頭に残りやすい
- 英単語は「似た単語（接頭辞が同じ単語）」をまとめて覚える

4日目

「自分で考える習慣」を身につける

24

「考える材料」を増やす習慣を身につける

新たな知識を手に入れるまでの「思考の４つのプロセス」

４日目は、「自分で考える習慣」を身につけていきましょう。

「新たな知識」に触れたとき、私たちは、次の「４つ」のプロセスで物事を考えています。

【思考のプロセス】

プロセス①……**すでに持っている知識を呼び起こす**

プロセス②……すでに持っている知識と**新しい知識を照らし合わせ、「どういうことなのか」を推測する**
プロセス③……推測した結果次第で、**「新しい知識」と認める**
プロセス④……新しい知識を**自分のものにする**

情報に触れたとき、私たちはまず「知っていること」と「知らないこと」に分けます。そして「知らないこと」は、「知っていること」と照らし合わせながら、「どういうことなのか」を推測します。

その推測が、「自分にとって必要なもの」「自分にとって役に立つもの」であれば、「新しい知識」として、記憶にインプットされます（自分のものになります）。

たとえば、Aさんが、クルマで目的地に向かうとします。
大きな幹線道路を走ろうと思いましたが、いつにも増して渋滞していました。
そこで、以前使ったことのある抜け道（プロセス①　それまで持っていた知識）を使うことにしました。でも、途中から激しく渋滞しはじめました。

すると、カーナビゲーションが、「いままで、通ったことのない新しい道」を指示。Aさんは「この道ならば、新しくできたばかりだし、幹線道路からも多少距離があるので、渋滞を回避できるだろう」と推測（プロセス②　推測）し、その指示どおりのルートを進むことに決めます。

結果的に、そのルートは渋滞がなく、時間もかなり短縮できたのです（プロセス③　新しい知識）。

そして「この道は覚えておこう（プロセス④　自分のものにする）」と考えました。

この例は、「すでに持っている知識」をベースに、「新しい知識」が使えるかどうかを「推測」。その結果、必要な知識と理解し、「自分のものにした」という思考の経過を表しています。

もしもAさんが、「これまでに抜け道を通ったことがなかったら」（つまり、「すでに持っている知識」がなかったら）、「カーナビが指示するルート」を鵜呑《うの》みにするしかありません。比較する材料がないためです。

Aさんは結果的に、カーナビの指示どおりにクルマを走らせ、渋滞を回避したわけですが、それは、

「すでに持っている知識」（自分が知っている抜け道）と、

「カーナビが指示するルート」

を照らし合わせて、**自分で考えた**結果です。

知識を増やすためには、読書が最適

「考える力」には、その元となる「材料」（すでに持っている知識）が必要です。そして、その材料が多ければ多いほど、正確な判断ができるようになります。

Aさんが、「抜け道をいくつも知っていた」なら、「カーナビが指示するルート」よりも、時間を短縮できたかもしれません。

「事前に持っている知識や経験の量」が多いほど、物事を、深く、正しく、早く考えることができます。

しかし、私たちが自分で手に入れられる知識や、実際に身をもって知る経験は、ごく限られています。

それを補うのが、**「読書」**です。

「読書」とは、他の人が体験したことや考えたことを、「知識」として追体験することにほかなりません。

本をたくさん読んでいれば、いろいろな知識や他の人の体験を、自分のものとして手に入れることができるのです。

思考の４つのプロセス

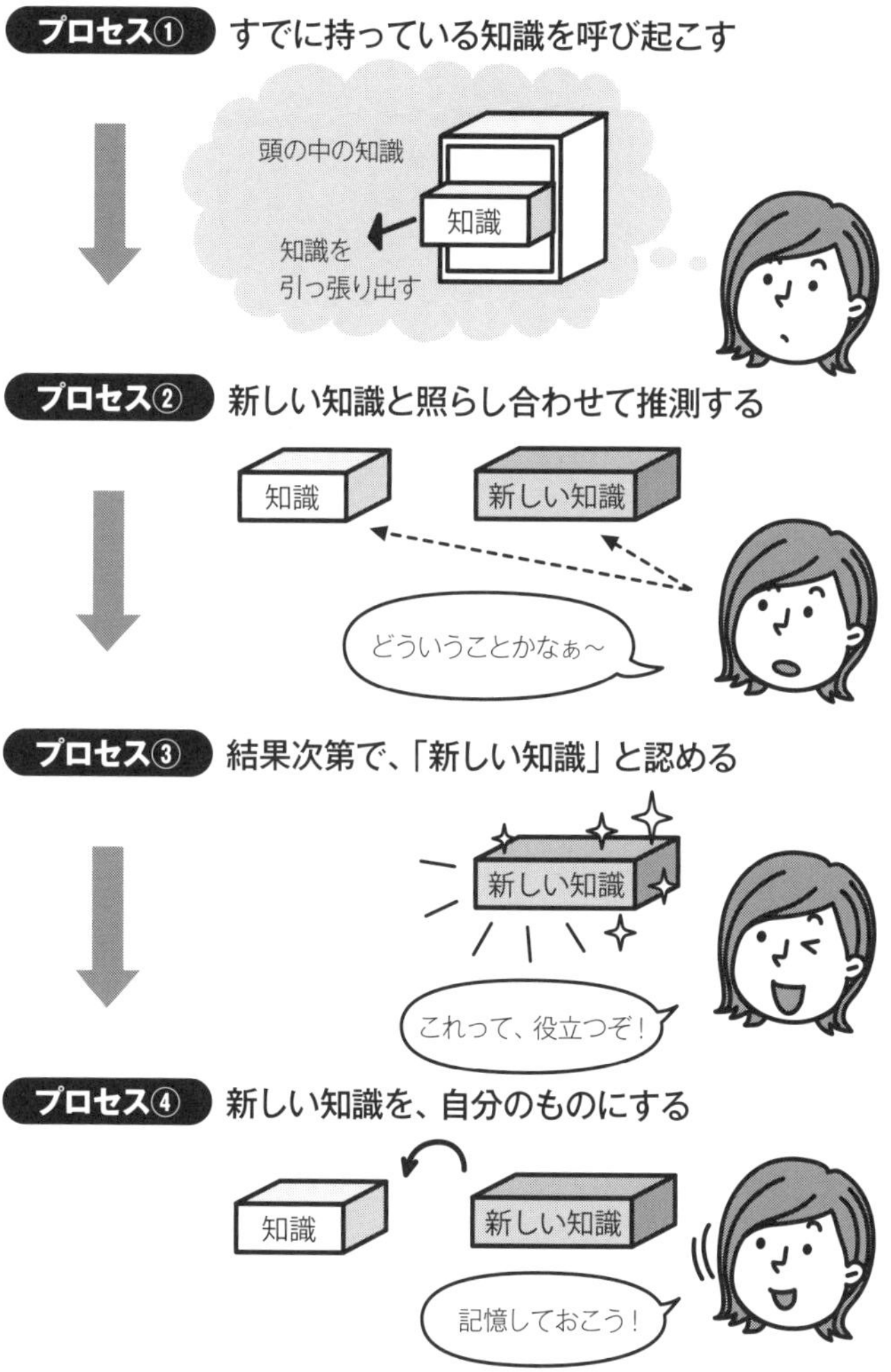
プロセス①
すでに持っている知識を呼び起こす
頭の中の知識
知識
知識を
引っ張り出す
プロセス②
新しい知識と照らし合わせて推測する
知識
新しい知識
どういうことかなぁ～
プロセス③
結果次第で、「新しい知識」と認める
新しい知識
これって、役立つぞ！
プロセス④
新しい知識を、自分のものにする
知識
新しい知識
記憶しておこう！

25

「概要」を学ぶ習慣を身につける

「木を見て森を見ず」の読書をしてはいけない

私は、「速習法セミナー」で「読書が苦手な方に、本の読み方」をお伝えしています。

受講生に「では、どんなときに、本に対して苦手意識を感じますか?」と質問すると、大きく「2つ」の理由が挙げられます。

・意味のわからない言葉（専門用語を含む）が出てきたとき
・文章がむずかしくて、理解するのに時間がかかるとき言葉や文章の意味がわからないと、手が止まってしまい、読み返したり、意味を考えなければなりません。

少しでも前に勉強を進ませたいのに、わからない箇所でいちいち止まってしまう。するとフラストレーションが溜まり、本を読み続けるのが苦痛になります。

私は、「言葉や文章の意味がわからないから、読書が苦手」という方に、次のような質問をします。

「なぜ、その本を読んでいるのですか？」
「なぜ、いま、その勉強をしているのですか？」

目の前に広がる大きな森が、「どこまで続いているのか」を知ろうとしたとします。森は、言うまでもなく、一本一本の木が集まってできた集合体です。

本を読んだり、勉強をするときに、知らない言葉やむずかしい言い回しで、いちいち立ち止まってしまうのは、一本一本の木しか見ていないようなものです。

それでは、森がどこまで続いているかを、いっこうに知ることはできません。

森の全体を知るためには、一本一本の木を見る前に、全体がどうなっているのかを、俯《ふ》瞰《かん》して見ることが大切です。

評論家として知られる立花隆さんは、読書家として知られています。

書庫には、数万冊の本が置かれているそうです。ひとつの仕事をするにも、最低で20～30冊の資料を読み、長期間の仕事になると、書棚を新たに調達するほど、大量な資料を読んでいます。

そんな立花さんは、

「本を最初から最後まではほとんど読まない」

といいます。もちろん、小説や趣味の本は、通読していますが、「タイムコンシューミングな（時間ばかりかかってしまう）本に付き合っている暇はない」と語っています。

仕事のための資料として読む本は、「すべてを読まなくても、十分理解ができる」からです。

読書が苦手な方は、「なぜ、その本を読むのか」「何を勉強するのか」という目的を明確に持ってください。

受講生のFさんは、目的を持って本を開くようになってから、読書スピードが劇的にアップしました。

「『何か重要な情報が隠れているのではないか』という気持ちから、読み飛ばす勇気がありませんでした。ですが、『目的を明確にする』というプロセスをしっかり踏むようになったことで、目的以外の箇所を読み飛ばすことができるようになりました。その結果、読む文字数が減り、1冊あたりの読むスピードはとても速くなりました。いままでなら、読み終わるまで1ヵ月以上かかるような分厚い本でも、1週間程度で読み終えることができます」

同じく受講生のYさんは、「読まなくてもいい箇所」の決断ができるようになったことで、判断力がつくようになりました。

「速習法を習慣にしたことで、本を読むスピードが速くなったと同時に、判断力がつくようになりました。『やらなくていいことはしない』という決断ができるようになったからです。『やらなくていいこと』（読書なら、自分にとって読まなくてもよい箇所）の選定ができるようになったため、時間の使い方、読書のしかた、仕事のしかたがシンプルになり、どうでもよいことで迷ったり、悩んだりすることが少なくなりました」

あまり知らない分野について勉強をするならば、1冊を読み通す必要はありません。「全体の概要」を把握するだけでも、十分なはずです。

全体の概要を「4つ」のステップで理解する

速習法セミナーでは、「全体の概要を知る」ための効率的な読書法（スキミング・リーディングと呼んでいます）をお教えしていますが、この項では、全体を把握するための読書のコツ（スキミング・リーディングのエッセンス）を簡単にご紹介します。

【全体把握の4ステップ】
ステップ① **「目次」**を読む
ステップ② **「目的」**を明確にする
ステップ③ **「パラパラ読み」**をする
ステップ④ **「印をつけた部分」**だけを読み返す

「たったこれだけ?」と思うかもしれませんが、この順番で本を読んでいけば、はじめて勉強する分野でも、すばやく全体の概要を把握できます。

ステップ① 「目次」を読む

「速習法セミナー」の受講生、Mさんに「3つの読み方」で「2分間で何行読めるか」を試してもらったことがあります。

読み方① いきなり読みはじめる

読み方②　本を「パラパラめくってから」読みはじめる
読み方③　「目次を読んで、本の構成を理解してから」読みはじめる

すると、

①……40行
②……90行
③……１４０行

という結果が出ました。

「目次を読んで、構成を理解」したうえで本を読むと、処理速度が速くなります。初見の文章でも「この本には、何が書かれてあるのか」がわかっていると、理解が速くなる＝本を読むスピードが速くなるのです。

ステップ②　「目的」を明確にする

「目次」を読むことで、「何が書かれているのか」がわかったら、次に行うのが、「何のた

めに読むのか」を明確にすることです。

脳科学では、事前に目的を明確にすることを「プリペアードマインド」と呼びます。直訳すれば「準備された心、考え」。簡単にいうと、脳にこれからインプットするものが、「どんなものか」をあらかじめ伝えておくことです。

「何のために読むのか」「この本から、どんな知識を得たいのか」をあらかじめ決めてから本を読むと、「その目的に該当する箇所」を拾いやすくなります。

ステップ③　「パラパラ読み」をする

「見開き（2ページ）10秒くらい」を目安に、ゆっくりとページをめくります。

一文字一文字、細かく文字を読むのではなく「ステップ②で決めた、目的に関連のありそうなところ」を探すような感覚です。

そして、

「なんとなく、このあたりに、自分の知りたい内容が書かれていそう」

「なんか、このあたりは読んでみたいな」

と思った部分に付箋《ふせん》を貼ったり、ページの端を折るなどして、印をつけておきます。

本をめくる前に、「キーワード」を決めておくのもよいでしょう。

「自分は、お客様に好印象を与える接客のテクニックを学ぶ」のが目的（ステップ②）だとしたら、

「接客」
「お客様」
「テクニック」

などのキーワードを決めて、そのキーワードを探すようにページをめくるのです（キーワードのあるところに印を残しておきます）。

キーワードを頭に入れてから本に目を通せば、必要な部分を見逃しにくくなります。

ステップ④　「印をつけた部分」だけを読み返す

印をつけたページだけ、目を通します。

「読んでいないページ」は「いまは読む必要がない」と割り切ってください。

「読み残したページ」は、「目的にひっかからなかった部分」ですから、さほど気にすることはありません。

26 「レベルに合った本」を読む習慣を身につける

やさしすぎる本も、むずかしすぎる本も、読んではいけない

学生時代からサッカーをやっていた人が、初心者と試合すると、おそらく「おもしろくない」と感じるでしょう。

逆に、相手がJリーガーだとしたら、こちらがついていけなくて、やはり「おもしろくない」と感じるでしょう。

でも、似たようなレベルの人（あるいは、自分よりも少し上手な人）とサッカーをすれば「できること」「できないこと」を共感でき、「サッカーは、やっぱりおもしろい」「も

っと上手になりたい」と、ポジティブな気持ちになるはずです。

勉強も「サッカー」と同じことがいえます。

大学受験をするために英語の勉強をしているのに、中学1年生の英文法を勉強しても持て余しますし、一方で、英語で書かれた医学論文を差し出されたら、さっぱり意味がわかりません。

やさしすぎても、むずかしすぎてもいけません。「自分のレベル」に合っていないと、やる気が削がれてしまうのです。

「自分のレベル」＝「どれだけ知識を持っているか」

本を読む際、それまでに持っている知識が少なければ、「立ち止まる回数」ばかり増えてしまい、本を読み進めるのがつらくなります。

そうならないためには、「自分のレベルに合った本」を選ぶことが大切です（自分のレベルに合った本を選んだうえで、「全体把握の4ステップ」を使うといいでしょう)。

そこで、「自分のレベルに合った本」を選ぶ「3つのポイント」をご紹介します。

ポイント① 表紙を読む

表紙やタイトル、サブタイトルには、その本の主張が端的に表現されています。

ポイント② 目次を読む

目次にわからない単語(専門用語)がたくさんあったり、「何が書かれてあるのか、さっぱりわからない」ときは「自分のいまのレベルよりも高すぎる」ので、手に取らないほうがいいと思います。

ポイント③ 「まえがき(はじめに)」と「あとがき(おわりに)」を読む

「まえがき」と「あとがき」には、著者の思いが書かれています。「どんな読者に向けた本なのか」「この本で、どんなことを伝えたいのか」を知ることができるので「まえがき」と「あとがき」は本選びの参考になります。

どんな目的で本を選ぶのかを明確にしたうえで、この3つのポイントを押さえる。そうすれば、「自分のレベルに合った本」と出会う確率が高くなるでしょう。

27 同じジャンルの本を「3冊以上読む」習慣を身につける

最初の1冊は「マンガ」でもかまわない

勉強したいジャンルについて「知識がまったくない」ときは、基礎的・初歩的な知識を、できるだけ早く身に付けるしかありません。

基礎的な知識がないならば、「同じジャンルの入門的な本を3冊以上読む」と、「そのジャンルに関する全体像」を把握しやすくなります（さらに知識を深めたいときは、中級、上級の本を読んでいきましょう）。

●1冊目～3冊目（初級）…………本当に初歩的なものでかまいません。そのジャンルの地ならしをするという意味で、マンガでもいいくらいです。

●4冊目～5冊目（中級）…………3冊目までに手に入れた知識をベースに、新たな知識と照らし合わせて「こうかもしれない」と推論することで、知識が深まっていきます。

●6冊目以降（上級）…………5冊目までに手に入れた知識をベースにすることで、スピードアップして読めるようになります。5冊目までと重複する部分は、読む必要はありません。

このような段取りを踏んでいけば、基礎知識がなかったとしても、確実に知識を蓄積していけます。

28

物事を鵜呑みにせず「批判的に考える」習慣を身につける

「前提を疑う」ことで、自分の考えを明確にする

「ロジカル・シンキング」と「ラテラル・シンキング」という言葉を知っていますか？

「ロジカル・シンキング」は、論理思考とも呼ばれ、物事を順序立てて考える思考法です。

単純化すると、「A→B→C→D→E」というプロセスを踏んで、思考を深めていくやり方です。

それに対して「ラテラル・シンキング」は、水平思考と呼ばれる思考法。

順序立てて考えるプロセスはせずに、創造的なアイデアや、誰もが思いつかない方法により、問題を解決していく考え方です。

簡単にいえば、「A↓E」「A↓D↓Z」といったように、連続性がなく、突然違う考え方により、まったく別の答えを導き出します。

ビジネスの世界で、いま注目を集めているのが、「ラテラル・シンキング」です。成熟した市場では、「ロジカル・シンキング」の論理的な思考では、新たなヒット商品の開発や問題解決がむずかしい場合が多い。

それを打破するのが、「ラテラル・シンキング」と言われています。

「ラテラル・シンキング」による思考には、「前提を疑うこと」が大切です。

目の前にあるものに対して、常に疑ってかかることで、新たなアイデアにつながります。

これまで常識とされていることはもちろん、先生が教えてくれたことや、本に書かれていることに対しても、「本当にそうだろうか?」「こうしたら、もっといいのではないか?」といった「疑問」を持つことで、これまでとは違った考え方が生まれます。

「クリティカル・シンキング」は、これからの時代の思考法

「クリティカル・シンキング」とは、「批判的思考」と直訳できます。

琉球大学教育学部教授の道田泰司氏によれば、

「批判的な態度(懐疑)によって触発され、想像的思考や領域固有の知識によってサポートされる論理的・合法的な思考」

とされています。

これまで日本の教育現場、とくに義務教育の小・中学校では、考えさせるよりも、知識の詰め込みを重視する傾向が強かったと思います。

先生が教えることを、無条件に受け入れる教育と言い換えてもいいかもしれません。

それに対して、欧米では義務教育レベルから「クリティカル・シンキング」を取り入れてきました。
「筆者の意見に賛成ですか？」「他にもっといい結論はありませんか？」と児童・生徒に考えさせているのです。

グローバル化が進むビジネスシーンでは、多様化する人種や文化に対応するため、情報や人の意見を鵜呑みにするだけではうまくやっていけません。
「疑問」や「批判」という目を通して考えることで、**あやふやだった「自分の意見」「自分の考え」を明確にできます。**

自分の考えや意見が偏っていないかを論理的に考える「クリティカル・シンキング」は、「ラテラル・シンキング」とともに、この先を生き抜くための思考法といえます。

「クリティカル・リーディング」で、自分の意見を洗練させる

「クリティカル・シンキング」の考え方を読書に応用したのが、**「クリティカル・リーディング（批判的読書法）」**です。

「クリティカル・リーディング」とは、**「本に書かれている内容を鵜呑みにせずに、自分なりの意見を持って、読むこと」**です。簡単にいえば、「自分の持っている知識」と「本に書かれている内容」を比べながら読んでいきます。

本に書かれていることが、すべて正しいというわけではありません。逆に、すべてが間違っているというわけでもありません。

正誤や善悪、価値、意味などは、時代とともに移り変わるし、民族や文化でまったく違ったとらえ方をするものです。

たとえば、日本では「タコの刺身」を好んで食べますが、海外の内陸部では「デビルフィッシュ」と呼ばれ、忌み嫌われています。そのような地域の人から見れば、タコを刺身で食べる日本人は、信じられない存在かもしれません。

本に書かれていることに、「なぜ?」「なぜ?」と質問を投げかけながら、本を読んでいく。

「これまで持っている知識」を元に、著者の考えに対して、「同意するところ」と「同意できないところ」を明確にします。そして、「疑問」や「気づいたこと」への「答え」を探すように本を読むのです。

自分の考えを際立たせ、必要な情報を手に入れる

「クリティカル・リーディング」は、本に書かれている内容に対して、やみくもに批判的に読めばいいわけではありません。

大切なことは、書かれている内容に対して、自分の考えを明確にして、著者と対話をするように読むことです。

「あなた（著者）は、そういう考えなんですね？」
「でも、私はこういう考えなんです」
「ちょっと考え方が違うかもしれませんね」
「その考えについては、まったく同感です」

こうした対話を、頭の中で繰り返しながら読む。そうすることで、「自分の知識」や「自分の考え」が浮かび上がってきます。

書かれている内容に、肯定や批判をしながら、重要な部分を深掘りし、自分の知識にプラスしていく。

それが、「クリティカル・リーディング」です。

クリティカル・リーディングのやり方

考え方が違うかも
そういう考えかぁ
その考えは、まったく同感です
でも、私はこういう考えだな

自分に必要なところを
深掘りして読む

自分の知識になる!

29 「条件づけ」の習慣を身に付ける

覚えた内容を思い出すための「きっかけ」をつくっておく

私のセミナーでは、受講者のみなさんにこんなクイズを出しています。

●次の□の中に言葉を入れて、単語をつくってください。

は□□い／□たす／ね□／□ん□ん／と□と／□せり

答えは、

はくさい／れたす／ねぎ／にんじん（または、れんこん）／とまと／ぱせりさて、あなたは何問、答えられたでしょうか？

実際、受講者の中で全問正解できるのは、半分程度だと思います。


でも、質問の中に「野菜に関連する」という条件が加えられていたら、どうでしょう？

●次の□の中に言葉を入れて、単語をつくってください。
（すべて野菜に関連した単語です）

は□□い／□たす／ね□／□ん□ん／と□と／□せり

多くの方が、全問正解できるのではないでしょうか？

このように**「条件」を設定さえすれば、答えを「連想」しやすくなります。**

「条件」が「トリガー（物事を引き起こすきっかけという意味）」となって、答えをイメージできるからです。

つまり、「条件」があることで、これまでの知識や経験から、必要な情報を引っ張り出してくるわけです。

これまで培った知識や経験を想起するには、「条件」となる「トリガー」を意識して勉強するのがポイントです。

以前、授業や講義で習った内容を思い出したいときは、登壇している先生を「トリガー」として使うのもいいでしょう。

かつて習ったときの情景から、必要な情報を引き出すことができます。

勉強や読書における条件づけのやり方

あの英単語は、電車に
乗っているときに覚えたぞ！
英単語

このやり方は、先週の講義で
習ったことだ！
OOOOO

30 「多読」の習慣を身につける

頭のいい人たちが実践している「多読の5つのメリット」

成功している経営者の中には、「多読家」として知られている方がいらっしゃいます。ファーストリテイリングの柳井正さんや、サイバーエージェントの藤田晋さん、ソニーの元会長の出井伸之さん、ライフネット生命の出口治明さんなど、優れた経営者たちの多くは、いずれも熱心な読書家です。

経営者たちは、会社を持続し、従業員やその家族を守り、株式会社であれば株主の利益を追求していくためには、常に時代の流れを見ながら、決断しなければいけません。そんな立場にいる経営者たちには、考えや決断の元となる「軸」が必要です。

その**「軸」をつくっているのが、「読書」**です。

指導力や発想力、分析力、問題解決力、コミュニケーション力……。

優れた経営者たちは、読書で手に入れた知識やノウハウを元に、独自の考えを構築し、進むべき方向を決定していきます。

「書物を読むということは、他人が辛苦してなしとげたことを、容易に自分に取り入れて自己改善をする最良の方法である」

これは、ソクラテスが語った言葉です。

本は、「知識と経験を積んだ著者が、長い時間をかけて執筆し、編集者や校正者の助力を経て、世に送り出されたコンテンツ」です。つまり読書は、先人の知恵を短時間でインプットできる最高の方法なのです。

実際に、私も年間４００〜５００冊の本を読んできました。

その中で私が感じた「多読のメリット」は、次の「5つ」です。

メリット①……コミュニケーション力が高まる

読書とは、「著者の考え」を一度受け入れ、それに対して、賛成したり、批判したりしながら、「自分の考え」として取り入れることでもあります。

そして私は、「人とのコミュニケーションでも同じことがいえる」と考えています。

相手の話を聞いて、それに対して賛成か反対かを考えてから、相手に意見をする。一度、「相手の立場」に立ったうえで、自分の考えを発言すれば、人間関係は円滑になります。

メリット②……問題解決力がつく

多読することで、さまざまな知識を蓄積できます。問題に直面したときも、豊富な知識を持っているので、解決するための方策を用意できます。

その中から、「最善の解決策」を見つけられるようになります。

メリット③……表現力が豊かになる（アイデア力がつく）

さまざまなジャンルの本を大量に読むことで、語彙《ごい》が豊富になり、表現力が豊かになります。

自分の考えや意見を、その豊富な語彙の中から選択でき、その場にあった的確な表現ができます。また、新しいアイデアを生み出すきっかけにもなります。

メリット④……論理力がつく

多読によって得た膨大なデータの中から、「いい」「悪い」をふるいにかけ、その場で役立つ情報をピックアップできます。どんな場面でも、瞬時に論理的な考え方ができるようになります。

メリット⑤……柔軟性が身につく

多くの本を読むことで、豊富な知識を手に入れています。知らないこと（状況や出来事）に遭遇しても、柔軟に対応できるようになるでしょう。

これからの時代は、「頭がよい人」しか生き残っていけない時代といえます。「頭がよい人」には、ますます富が集まり、逆に「頭がよくない人」との貧富の差がますます大きくなるばかりでしょう。

多読の5つのメリット

メリット①
コミュニケーション力が高まる
メリット②
問題解決力がつく
メリット③
表現力が豊かになる（アイデア力がつく）
メリット④
論理力がつく
メリット⑤
柔軟性が身につく
だから、
多読がオススメ！

考える力を高めるエクササイズ

ステップ① 気になる単語の意味や使い方を調べる

語彙力がUP!

ステップ② メール、ブログ、メモなど、「文章」を書く

考える力がUP!

ステップ③ インターネット ＋ 日記 → ブログ

アイデアとは「組み合わせる」こと

ステップ①

雑誌、新聞、本を読んで気になった単語の同音異義語、対義語、類義語を洗い出す

意味や使い方を調べることで、考える下地となる「語彙力」を増やすことができる。

ステップ②

メモを書く、友達にメールを打つ、授業でノートを取る

文章を書くことにより、考える力を活性化させることができる。

ステップ③

「アイデアノート」をつける

ここでいうアイデアとは「組み合わせ」のこと。たとえば、「インターネット＋日記→ブログ」「パソコン＋携帯電話→スマートフォン」。新しいものを生み出そうとせずに、「いまあるもの同士を組み合わせる」、という心構えが重要。

4日目
「自分で考える習慣」を身につける

まとめ

- 「事前に持つ知識の量」が多いほど、物事を、深く、正しく、早く考えることができる
- 本を「最初から最後まで」は読む必要はない
- 【全体の概要をつかむ本の読み方】
①「目次」を読む→②「目的」の明確化→③「パラパラ読み」→④「印をつけた部分」を読む
- 同じジャンルの本を「３冊以上」読む
- 本に書かれている内容を鵜呑みにせずに、自分なりの意見を持って読む

おわりに

「はじめに」でもお伝えしたとおり、世の中には、たくさんの「勉強法」や「速読法」があります。

脳科学や認知心理学をベースにした勉強法（学術的な根拠や裏付けのある勉強法）であれば、私の速習法にかぎらず「どの勉強方法を使っても、それなりの成果は出る」と私は考えています（もちろん、向き・不向きはあると思います）。

では、どうして「成果が出ない人」がいるのでしょうか？

原因の多くは、

「行動をしなかったから」

「継続しなかったから」

ではないでしょうか。

本を読んだり、セミナーを受講して、

「効率よく学習する方法」

を学んだとしても、それを実践しなければ、結果は出ません。

ダイエットの方法を知っていても、実際にダイエットをはじめ、継続しなければ、スタイルは変わりません。

ゴルフの教本をどれほど読み込んだところで、クラブを握り、ボールを打ち、コースに出続けなければ、ゴルフは上達しません。

勉強も同じです。

正しい勉強法がわかっていても、それを実践し、継続しなければ効果はあらわれないと思います。

本書で紹介している「勉強の習慣」は、どれもシンプルで簡単なものです。誰でも身に付けることができます。

ですが、どれほど簡単でも、実践してみなければ、身に付くことはありません。

継続は力なり。

使い古された言葉ですが、決めたことをやり続けるからこそ、人は成長するのだと思います。

本書でご紹介した習慣を「まずは、ひとつ」でもかまいません。ぜひ、実践してみてください。

きっと勉強が楽しくなるはずです。

著者

参考文献

◇『じょうずな勉強法』麻柄啓一（著）［北大路書房］
◇『トヨタの片づけ』ＯＪＴソリューションズ（著）［中経出版］
◇『脳が冴える15の習慣』築山 節（著）［ＮＨＫ出版］
◇『図解 超高速勉強法』椋木修三（著）［経済界］
◇『７日間で突然頭がよくなる本』小川仁志（著）［ＰＨＰ研究所］
◇『「できる人になる」成功の秘訣』ユルゲン・ヘラー（著）［主婦の友社］

園 善博（その・よしひろ）

京都府生まれ。「速習セミナー」主宰。自身の読字障害を記憶のメカニズムに合った読書法で克服。その後、約13ヵ月で日本語、英語の書籍を含め、ビジネス経済関連図書58冊、脳、神経の関連専門図書43冊、心理学関連図書48冊、学習障害（読字障害）関連図書82冊、スポーツメンタルトレーニング関連図書27冊を読破。その経験を活かし、世界最速で8000人の受講者と著者を輩出するカリスマ講師となる。セミナーはいつもキャンセル待ち状態。現在の蔵書は5000冊を超える。趣味は愛車のハーレー・ダビッドソンで各地の聖地巡り。映画『マトリックス』の主人公の名前になぞらえ「ネオ」という愛称で親しまれる。著書に『本がどんどん読める本——記憶が脳に定着する速習法！』『すぐに頭がよくなる！「超速」勉強法』（ともに講談社）など。
http://www.sonoyoshihiro.jp/

とつぜん記憶力《きおくりょく》がアップする
4日《よっか》で脳《のう》が変《か》わる習慣《しゅうかん》

2014年3月6日 第1刷発行
2014年4月3日 第2刷発行

著　者　園《その》 善博《よしひろ》
発行者　鈴木 哲
発行所　株式会社講談社
〒112-8001 東京都文京区音羽２丁目12-21
電話　出版部 03-5395-3522
販売部 03-5395-3622
業務部 03-5395-3615
印刷所　慶昌堂印刷株式会社
製本所　株式会社国宝社

ISBN978-4-06-218836-4
214p 18cm N.D.C.375